MW01273634

Je cherche un livre pour un enfant
de la naissance à 7 ans

L'auteur remercie

Christophe Pâris, bright-star, alter ego, sparring
partner et empêcheur de tourner en rond,

Ses ami(e)s, et tout particulièrement **Agnès,
Estelle, Georges, Laurence** et **Véronique**
qui par leurs soutiens et leurs conseils lui ont été
si précieux.

**Les enfants Adèle, Héloïse, Kannelle, Léopold,
Mila** ainsi que **Léo, Aurélien et leur papa
Laurent, Tao et sa maman Julie,** qui ont bien
voulu s'adonner à leur passion du livre sous
l'objectif talentueux de **Franck Stromme,**

Hedwige Pasquet, pour sa collaboration éclairée
et sa confiance,

Génaro Lopez, pour son engagement
de la première heure, son efficacité
et ses belles réalisations,

Hervé Tullet, pour sa généreuse disponibilité
et son regard passionné sur les livres des autres,

Viviane Ezratty et **Laurence Tutello** pour leurs
témoignages aussi sensibles qu'expérimentés,

Olivier Belhomme et **Laure Grémillon**
pour leurs judicieux conseils,

**La Médiathèque Blaise-Cendrars
de Conflans-Sainte-Honorine,** pour son aide
et son soutien à la réalisation de ce projet,

**L'équipe du Centre National de la Littérature
pour la Jeunesse – La Joie par les livres,**
qui l'a toujours accueillie avec chaleur
et professionnalisme,

**Tous les libraires, bibliothécaires,
parents et enfants** qui, par leurs discussions,
ont nourri ce projet,

Les éditeurs jeunesse qui ont soutenu le projet
par leurs accords et leur collaboration.

//

Coréalisation
Gallimard Jeunesse - Éditions De Facto
www.gallimard-jeunesse.fr
www.editionsdefacto.com

Conception graphique et maquette
Genaro Studio

Photographies
Franck Stromme

Correcteur
Belle Page

Imprimé en Espagne par
Egedsa

//

**ISBN : 9782070641574
Numéro d'édition : 183633
Dépôt légal : mai 2011**

© **Editions De Facto, 2011,
  pour la présente édition**

SOPHIE VAN DER LINDEN

CONCEPTION GRAPHIQUE : GENARO STUDIO

*Pour Anna et Mila,
premières conseillères scientifiques
et sources infinies du plaisir de lire.*

JE CHERCHE UN LIVRE POUR UN ENFANT

LE GUIDE DES LIVRES POUR ENFANTS
DE LA NAISSANCE À 7 ANS

GALLIMARD JEUNESSE   Éditions de facto

sommaire

⇾ mode d'emploi ⇽

`0+` `2+` `4+` `6+`

Indique l'âge à partir duquel le livre peut être lu. Attention, chaque enfant est unique, possède son propre rythme de développement et surtout, a des besoins très variés en fonction de son parcours. Sans compter qu'un livre ambitionne généralement de s'adresser à de nombreux lecteurs sans limite d'âge.

Ⓐ MARTIN WADDELL Ⓘ PATRICK BENSON
Ⓐ TANA HOBAN

Ⓐ désigne l'auteur, Ⓘ l'illustrateur, et Ⓐ désigne un créateur qui réalise aussi bien le texte que les images (auteur-illustrateur).

||| POUR REBONDIR

Concerne des ouvrages qui soit s'adressent aux adultes ou aux lecteurs de plus de 7 ans, soit présentent un sujet proche du thème de la sélection sans pour autant en faire partie.

||| à VOIR EN BIBLIOTHÈQUE

Indique des ouvrages épuisés qui présentent pourtant suffisamment d'intérêt pour être vus en bibliothèque. Bien entendu, il peut arriver que certains de ces livres donnent lieu un jour à une nouvelle commercialisation.

||| ET AUSSI

Liste complémentaire d'ouvrages.

Gallimard Jeunesse · **2006 (1986)** · EAN 9782070562972

L'année de publication correspond à la plus ancienne édition disponible. Dans le cas d'une réédition, l'année de publication initiale est précisée entre parenthèses.

Gallimard Jeunesse

Lorsque des collections ou des séries sont signalées, les auteurs, dates de publication et références du livre ne sont pas précisées dans la mesure où plusieurs titres sont concernés et que les références sont donc multiples.

Gallimard Jeunesse · 2006 (1986) · **EAN 9782070562972**

Le code choisi pour le référencement des livres est l'EAN (European Article Number, système européen de codification des produits utilisé dans les codes barres). À partir de ce code, le libraire peut facilement retrouver les références du livre.

Gallimard Jeunesse · 2006 (1986) · **★** EAN 9782070562972

Les références indiquées pour chaque livre correspondent si possible à l'édition originale. Lorsqu'un format poche existe également, il est signalé par ce signe.

Il convient de signaler que les quelque 600 références signalées dans ce guide ne constituent pas une sélection absolue de la production existante, mais plus simplement les ouvrages qui répondent de la manière la plus appropriée aux entrées définies. De ce fait, nombre de livres et d'auteurs importants ne sont pas ici nécessairement sélectionnés.

En dépit des vérifications qui nous ont amenés à ne sélectionner que des livres actuellement commercialisés (sauf rubrique « à voir en bibliothèque »), il peut arriver qu'un livre devienne indisponible, notamment en cas de rupture de stock, ceci de manière bien indépendante de notre volonté.

⇶ INTRODUCTION ⬳

SI VOUS AVEZ OUVERT CE LIVRE, SÛREMENT ÊTES-VOUS DÉJÀ CONVAINCU QUE LA LECTURE EST IMPORTANTE POUR L'ENFANT.

Vous savez que, dès le plus jeune âge, les enfants ont besoin de livres qui les aident à structurer leur activité intellectuelle, leur offrent un environnement culturel sécurisant et les accompagnent dans les premiers apprentissages. Vous savez aussi qu'en grandissant, les livres leur donneront des clés pour comprendre le monde complexe dans lequel ils évoluent, qu'ils les soutiendront dans leur grande aventure pour grandir. Vous savez enfin que ce sont les enfants qui lisent des livres variés et qui, surtout, aiment cela, qui ont les meilleurs chances de réussir à l'école, que leur lectures posent les bases de leur culture personnelle et qu'elles leur ouvrent grandes les portes de l'imaginaire.

L'essentiel est dit.

Et pourtant, c'est ici que les choses se compliquent. Car, comment choisir un livre? Comment se repérer dans ce secteur où toutes ces couvertures, plus colorées et attirantes les unes que les autres, ne nous disent pas lequel de ces livres conviendra à cet enfant-là, celui auquel on destine le livre?

En France, ce sont près de 8 000 nouveautés qui paraissent pour la jeunesse, toutes catégories confondues. Notre histoire a forgé une offre éditoriale de première importance pour les plus jeunes, parmi les plus créatives et les plus diversifiées que l'on puisse trouver au monde. La qualité existe bel et bien. Mais comment la rencontrer dans cette masse, alors que si peu d'espace critique est consacré à la littérature pour la jeunesse dans les médias?

Ce guide est conçu pour vous aider à trouver les livres qui ont fait leur preuve, dont la qualité du texte et des images est indiscutable, et dont la richesse de l'histoire et l'intelligence du propos ont toute chance de rencontrer l'envie et la curiosité des enfants comme l'intérêt des adultes qui leur lisent.

Des repères vous sont donnés pour faire votre chemin, choisir, mieux connaître, et donc permettre à l'enfant, dès le plus jeune âge, une fréquentation heureuse, régulière et détendue des livres. Car la lecture ne s'impose pas. Les enfants lisent parce qu'ils en ont envie, qu'ils y trouvent du plaisir. Votre rôle est bien de susciter, encourager et alimenter cette envie et cette curiosité.

C'est ce en quoi ce guide vous aidera.

JE CHERCHE UN LIVRE POUR un enFAnT...

QUELQUES MOTS
SUR L'âge DU LecTeUR

IL EST SOUVENT IMPOSSIBLE DE SAVOIR L'ÂGE DU LECTEUR AUQUEL UN LIVRE S'ADRESSE LORSQU'ON NE L'A PAS LU.

Et pourtant on a besoin de savoir si l'histoire ne sera pas trop longue, le texte trop difficile ou les images trop complexes. Ces entrées par catégories d'âge doivent vous aider à vous repérer pour choisir un livre qui convient à l'âge de l'enfant auquel vous le destinez.

Cependant, la plupart des livres ne peuvent être enfermés dans des tranches d'âges trop marquées. Un livre de qualité, on peut le découvrir à deux ans, le relire avec bonheur à quatre ans et y revenir dans les débuts de la lecture autonome à six. Ces allers-retours sont courants et même souhaitables. C'est d'ailleurs le propre d'un bon livre que de savoir accompagner l'enfant au fil des ans.

C'est pourquoi je préfère, comme de nombreux éditeurs, indiquer des livres « à partir » d'un âge donné. En effet, le niveau de lecture, le type de récit, les difficultés de compréhension peuvent éventuellement être un frein à la lecture des plus jeunes. Mais ensuite, c'est sans limitation !

Surtout, je vous encourage à bien regarder les sélections qui précèdent ou suivent la tranche d'âge de l'enfant. En effet, cette classification ne relève en rien d'une science exacte. Chaque enfant est unique, chacun a son propre rythme de développement, ses propres goûts. Il n'est pas rare qu'un même livre puisse être apprécié par des enfants d'âges très différents.

L'important est de ne pas refuser un livre à un enfant sous prétexte qu'il ne serait pas de son âge. D'abord parce qu'il répond sûrement à une curiosité ou au besoin d'être conforté, et l'enfant peut considérer, lui, que même s'il a quatre ans, ce livre pour bébés correspond exactement à ce dont il a envie de trouver à ce moment précis. Croyez-moi, cela n'obère en rien de sa capacité à être un bon lecteur !

Mais ces sélections se veulent surtout positives : elles tentent de réunir, pour une tranche d'âge donnée, le meilleur de la production.

Grâce aux petites icônes, vous pourrez aussi facilement repérer les indications d'âges dans les autres chapitres.

JE CHERCHE UN LIVRE POUR UN ENFANT...

à PARTIR DE LA naissance

IL N'Y A PAS SI LONGTEMPS, L'IDÉE DE PROPOSER DES LIVRES AUX BÉBÉS PARAISSAIT TOUT À FAIT INCONGRUE. Aujourd'hui, le secteur des livres pour les tout-petits est l'un des plus florissants de toute la littérature pour la jeunesse. Si, dans les faits, il reste encore beaucoup à faire, la production offre une grande qualité dans un éventail très large de styles. La matérialité du livre, ce qu'il révèle du sens de la lecture, les couleurs et les formes, la musique du texte, tous ces éléments sont absolument indispensables au développement des très jeunes enfants, dès 4 ou 5 mois. Comme le dit la grande spécialiste en ce domaine, Marie Bonnafé : *« Les bébés ont besoin de lait, de tendresse et de livres ».* Alors, n'attendez pas !

❊ NOIR SUR BLANC 🔲 0+

Ⓐ TANA HOBAN

Noir sur Blanc, (ou *Blanc sur Noir*, son alter ego), grâce à sa solidité (format carré, cartonné, aux coins arrondis) et à la grande lisibilité de ses formes en contrastes, peut naturellement constituer le premier livre de bébé, lequel percevrait les contrastes bien avant les couleurs. En effet, comme son titre l'indique, les représentations de ce livre sont figurées en noir sur fond blanc (et en blanc sur fond noir pour l'autre titre). Cet album a la simplicité et l'évidence d'un livre parfait pour les tout-petits. On y trouve des formes épurées, simples silhouettes dessinées, des objets du quotidien de l'enfant : biberon, bavoir, ballon, clés. D'agréables jeux de texture s'offrent aux jeunes mains par l'application d'un vernis sélectif sur les parties noires, créant, pour l'œil, un contraste mat/brillant. Ces deux albums jumeaux sont l'œuvre de l'artiste américaine Tana Hoban, photographe, malheureusement disparue en 2006 et qui créa, à partir des années 1970, plus d'une innovation en éveillant les enfants à l'art et en éduquant leur regard à la lecture de l'image avec beaucoup de respect, de rigueur et d'empathie.

Kaléidoscope - 1994 - EAN 9782877671163

✳ L'aLBum D'aDèLe 0+
Ⓐ CLAUDE PONTI

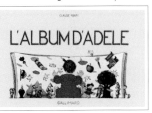

Premier livre du grand Claude Ponti, initialement conçu comme un livre unique, cadeau de naissance pour sa fille, *L'album d'Adèle* commence comme un imagier avec une présentation d'images alignées que l'enfant peut nommer. Au fil des larges pages, la commode, la maison de poupées, le lit, la poupée et bien d'autres objets se transforment et s'animent. Le tout-petit peut alors retrouver des person-nages de page en page, suivre leurs évolutions, et même raconter des histoires improvisées à partir des nombreuses images. Conçu comme le « livre des livres pour prendre et apprivoiser le monde », sa lecture est inépuisable. L'enfant peut même s'en faire une maison et se glisser dessous pour une petite sieste bien méritée !

Gallimard Jeunesse - 1986 - EAN 9782070562972

✳ LOUP 0+
Ⓐ OLIVIER DOUZOU

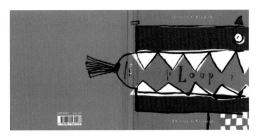

Un loup met progressivement, son nez, son œil, son autre œil (!), ses dents et… sa serviette ! « GRRRRRR », on frissonne le temps de tourner l'avant dernière page… Mais une surprise finale désamorcera par le rire l'insoutenable suspense : *« Et je mange ma carotte ! »*. Succès garanti pour cet ouvrage au graphisme très stylisé et donc très efficace, qui laisse toute place à des images très lisibles. Beaucoup d'audace et d'humour dans cet album qui appuie toutefois cette modernité, par la parodie, sur deux comptines classiques du folklore de la petite enfance : *« Loup y es-tu ? »* et celle, qui connaît de nombreuses variations, consistant à énumé-rer les parties du visage de l'enfant en les pointant avec le doigt. C'est tout l'art d'Olivier Douzou que de savoir chaque fois innover tout en étant proche du tout-petit, notamment par son sens aigu du jeu et de l'univers de l'enfance. Les plus grands ne seront pas en reste, eux qui découvriront amusés que la surprise était d'ores et déjà dévoilée sur la couverture ouverte et les pages de garde. C'est que tout fait sens dans cet album moderne déjà devenu un classique.

Éditions du Rouergue - 1995 - EAN 9782841560103

à partir de la naissance

✱ TOUT UN MONDE 0+

Ⓐ KATY COUPRIE   Ⓐ ANTONIN LOUCHARD

C'est d'abord un impressionnant catalogue qui comblera les tout-petits par la diversité de ses représentations, lesquelles sont figurées au moyen d'un très large éventail de techniques : photographie, collage, modelage, peinture, technique mixte... Elles sont toutes citées en fin d'ouvrage. À force de feuilletage, à l'endroit, à l'envers, on découvre ensuite que les images sont reliées une à une par un lien logique, technique ou plus simplement poétique. Charge au lecteur de retrouver ce lien. Grâce aux enchaînements proposés, mais aussi à la beauté des représentations, au travail sur la lumière, une belle et forte réflexion traverse cet ouvrage sensible et profondément émouvant : qu'est-ce que grandir, vieillir, éprouver le temps, en un mot, vivre ? Du grand art.

Thierry Magnier - 1999 - EAN 9782844200631

✱ TOUS LES PETITS 0+

Ⓐ JEANNE ASHBÉ

Un livre à part dans le catalogue de cette grande dame du livre pour les tout-petits. Une frise cartonnée qui se déplie, se pose par terre, sert de paravent, de parcours d'obstacles... et de premier support de lecture : voici un livre bien original. Portraits d'enfants, rimes dynamiques, jeu des couleurs, le tout-petit, assis sur les genoux de l'adulte ou seul à quatre pattes, peut partir à l'exploration de cet objet à la conception très aboutie, réellement pensé pour les bébés, dans sa lisibilité et jusque dans les jeux typographiques, grâce auxquels le mot fait image. Gageons que « tous les petits » s'y retrouveront et le garderont longtemps auprès d'eux.

Pastel - 2007 - EAN 9782211083959

❋ COLLECTION La VIe en ROnD 0+
Ⓐ BÉNÉDICTE GUETTIER

Une série de petits livres cartonnés dont la découpe épouse les formes de l'objet représenté. On a donc la saisissante impression de tenir en main : la coquille de Petit-Gris, la fleur de Bibi ou encore la pomme de Tom. Chacun de ces titres offre une savoureuse petite histoire pleine d'humour.

Casterman

❋ COLLECTION mInIPOPS 0+
Ⓐ KIMIKA WARABE

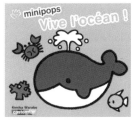 

C'est un fait, les bébés adorent les livres animés. Au risque de les voir rapidement saccagés, il ne faudrait pourtant pas les en priver plus longtemps. Voici une série colorée, contrastée, aux animations dynamiques et à la taille de leurs petites mains, qui devrait les enchanter.

Casterman

❋ COLLECTION PIROUeTTe 0+

Cette collection propose un large catalogue de comptines ou de chansons pour les tout-petits qui donnent lieu à des illustrations très créatives (collages, modelages, papiers déchirés...). La mise en pages accompagne le rythme et les intonations. Chaque titre offre une belle lecture d'album qui permet l'assimilation de la comptine ou de la chanson.

Didier Jeunesse

❋ JOLIe maISOn 0+
Ⓐ HIROTAKA NAKAGAWA   Ⓘ 100 % ORANGE

D'une banale situation du quotidien, l'enfant élabore tout un monde imaginaire, ludique et collectif. Un graphisme très soigné, des textes agréables, de la sensibilité et de l'humour. Des qualités rares. Voir aussi dans la même série et des mêmes auteurs Joli bus et Joli bateau.

Gallimard Jeunesse - Giboulées Hors série - 2007 - EAN 9782070611034

❋ L'enFanT, La PIeRRe eT La FLeUR 0+
Ⓐ JÉRÔME RUILLIER

Dans un coffret, trois élégants petits livres en accordéon se déplient le temps d'interroger l'existence et de confronter le terme « longtemps » aux différents points de vue humains, végétaux et minéraux. Inattendu, sobre, juste : l'auteur a réussi le premier ouvrage de philosophie pour les tout-petits, en même temps qu'un objet d'une grande force poétique.

Autrement - 2009 - EAN 9782746712539

❋ QUI OÙ QUOI ? 0+
Ⓐ MARTINE PERRIN

Jeu d'observation et d'association basé sur les découpes de pages (laissant entrevoir des éléments de la page suivante). Dissimulation, apparition, autour de notions simples et de figures familières, si le principe de ce livre est connu, la qualité des formes, la densité des couleurs et le rythme de la mise en pages en font un livre tout à fait remarquable.

Milan Jeunesse - 2005 - EAN 9782745918000

❋ PRÈS DU GRanD éRaBLe 0+
Ⓐ MALIKA DORAY

Dans un coffret, 5 petits livres cartonnés à déplier attendent le très jeune enfant qui y trouvera de jolis textes rimés qui font la ronde, d'adorables petits personnages qui évoluent en jouant dans le sous-bois. Pouvant être lus en tous sens, harmonieusement assortis, ces livres sont étonnants de délicatesse et de poésie.

L'École des Loisirs - Loulou et Compagnie - 2009 - EAN 9782211095082

à partir de la naissance

❀ 2 petites mains et 2 petits pieds 🄾

Ⓐ MEM FOX
Ⓘ HELEN OXENBURY
Une répétition bien rythmée au fil des pages, une narration chaleureuse, bien adaptée aux tout-petits, pour un beau message. Un album très tendre.
Gallimard Jeunesse - 2009 - * EAN 9782070622726

❀ C'est la p'tite bête 🄾

Ⓐ ANTONIN LOUCHARD
Rien d'autre que l'histoire de la petite bête qui monte qui monte et qui descend, qui descend avec une mise en pages réjouissante.
Thierry Magnier - Tête de Lard - 1998
EAN 9782844200075

❀ ça va mieux ! 🄾

Ⓐ JEANNE ASHBÉ
Un album qui dit le réconfort de bébé lorsque ses besoins sont comblés. Fait partie d'une série de six livres tous aussi justes, tendres et utiles les uns que les autres.
Pastel - 1994 - * EAN 9782211057660

❀ délivrez-moi ! 🄾

Ⓐ ALEX SANDERS
Un petit livre pour jouer à se faire peur, mais quand, « clac », la grille se referme sur le croco, quel soulagement !
L'École des Loisirs - Loulou et Compagnie - 1996
EAN 9782211038614

❀ l'art du pot 🄾

Ⓐ MICHELLE NIKLY
Ⓘ JEAN CLAVERIE
Sur ce thème, s'il n'en était qu'un, ce serait celui-là. Tendre et humoristique, un grand classique !
Albin Michel Jeunesse - 2000 - EAN 9782226040695

❀ la boîte des papas 🄾

Ⓐ ALAIN LE SAUX
Une série mémorable, aux images très lisibles, contrastées. Et les histoires feront plaisir à papa... Enfin, il faudra tout de même qu'il ait un minimum d'humour papa !
L'École des Loisirs - Loulou et Compagnie
2009 (1990) - EAN 9782211097000

❀ le bain de Bidou 🄾

Ⓐ KENJI OIKAWA
Ⓘ MAYUKO TAKEUCHI
Un graphisme à la fois très original et très efficace, pour cette sympathique histoire de bain avec papa (une tradition au Japon !) vue par les yeux du tout-petit.
Didier Jeunesse - 2009 - EAN 9782278061860

❀ le soleil 🄾

Ⓐ MITSUKO
Ⓘ KIMIKO
Un livre animé assez robuste. Les couleurs, cernées de noir, offrent de beaux contrastes, tandis que les animations sont d'une manipulation aisée.
L'École des Loisirs - Loulou Et Compagnie - 1995
EAN 9782211033822

❀ le voyage de Couci-couça 🄾

Ⓐ ELZBIETA
Elzbieta met tout son talent poétique et sa délicatesse au service des petits qui suivent agréablement Couci-couça grâce au texte rythmé et rimé qui navigue lui aussi sur les flots.
Éditions du Rouergue - 2004 - EAN 9782841565559

❀ les comptines de Grigrigrocha 🄾

Ⓐ PASCALE ESTELLON
Une présentation agréable, fraîche et dynamique, accueille des comptines toutes simples, originales, qui fonctionnent à merveille avec les tout-petits. Une valeur sûre.
Mila éditions - 1998 - EAN 9782840061687

❀ Mandarine, la petite souris 🄾

Ⓐ NOËLLE A. CARTER
Ⓘ DAVID A. CARTER
L'un des plus célèbres « livre tactile » qui invite le tout jeune lecteur à participer activement à l'histoire en mobilisant le sens du toucher.
Albin Michel Jeunesse - 1994 - EAN 9782226040466

❀ Mon pull 🄾

Ⓐ AUDREY POUSSIER
Petite scène du vivre ensemble enfantin croquée sur le vif. Chacun retrouvera beaucoup de vécu dans cette narration pleine d'humour.
L'École des Loisirs - Loulou et Cie - 2006
EAN 9782211083690

❀ Ou li bou niche ? 🄾

Ⓐ LYNDA CORAZZA
Efficaces jeux de langues qui mettent l'eau des mots en bouche du lecteur et donc à l'oreille de bébé. Les plus grands reconnaîtront les expressions cachées.
Éditions du Rouergue - 1997 - EAN 9782841560790

❀ Ouaf miaou cui-cui 🄾

Ⓐ CÉCILE BOYER
L'histoire d'un chat, d'un chien et d'un oiseau qui ne sont jamais représentés que par leurs onomatopées, jeux de typographies mis en scène avec inventivité au sein d'un album élégant.
Albin Michel Jeunesse - 2009 - EAN 978226192028

❀ Parfois... 🄾

Ⓐ EMMA DODD
Les hésitations des tout-petits sont saisies au travers de belles images aux traces argentées. La présence de maman éléphant ajoute à la chaleur de cet album réconfortant.
Albin Michel Jeunesse - 2007 - EAN 978226173812

❀ Pas 🄾

Ⓐ SUSIE MORGENSTERN
Ⓘ THERESA BRONN
Un petit bonhomme de rien du tout est dessiné sur des photographies à plus grande échelle. Le contraste entre les deux, le réalisme des situations et la véracité des expressions sont irrésistibles.
Éditions du Rouergue - 2003 - EAN 9782841564880

❀ Super 8 🄾

Ⓐ OLIVIER DOUZOU
Un album à plusieurs niveaux de lecture. D'un superbe jeu de formes colorées à l'invention du cinéma, en passant par la poésie, tout y est !
MeMo - 2005 - EAN 9782910391795

❀ Va-t'en, grand monstre vert ! 🄾

Ⓐ ED EMBERLEY
Un classique qui a largement fait ses preuves auprès des jeunes enfants qui domptent leurs peurs en devenant les grands manipulateurs du livre.
Kaléidoscope - 1996 - EAN 9782877671729

à partir de la naissance
conseil lecture

Afin de familiariser bébé avec l'objet livre et assurer une transition entre le jouet et le livre, on peut glisser quelques livres en tissus dans ses jouets, ou lui proposer un livre pour le bain. Il n'y a pas réellement de titre qui se distingue dans ces catégories, mais on peut regarder chez Albin Michel ou chez Loulou et Cie pour les livres de bain, ou encore aux éditions des Quatre fleuves, avec les livres en tissus autour du personnage de *« Petit lapin »*, généralement apprécié des tout-petits.

à partir de la naissance
à voir en bibliothèque

❀ Les pré-livres (I Prelibri) 0+

Ⓐ BRUNO MUNARI

Si bébé ne devait en avoir qu'un ce serait celui-là. D'abord parce qu'il en contient douze. Douze petits livres de même format carré mais de matières, de couleurs et de structures différentes.
Créés par le grand artiste italien Bruno Munari, les Pré-livres *sont conçus pour transmettre des sensations chromatiques, tactiles, thermiques, sonores aux enfants qui ne sont pas encore en âge de lire. Cet ensemble se veut la première encyclopédie des tout-petits et on pourrait presque s'en contenter à tout âge. On y trouve de la*

poésie, de la géographie, des mathématiques, du suspense... ou plus simplement du réconfort avec (mon préféré) ce tout petit bouton perdu au sein des pages douces et chaleureuses de feutrine rose, qu'on découvre là avec ravissement, même à 6 mois... Ce magnifique coffret, en réimpression à l'heure de la rédaction de ces lignes, se trouve dans les bibliothèques qui ont eu la bonne idée de l'acquérir. Il vous faudra peut-être déployer beaucoup d'efforts pour le voir au vu de sa rareté, et si vous pouvez l'acheter, vous serez confronté à son prix élevé dû aux contraintes de la fabrication, mais la rencontre du tout-petit avec cette œuvre hors norme lui assurera le souvenir durable d'une relation exceptionnelle au livre.

Éditions Corraini - Diffusion exclusive France-Belgique Les Trois Ourses - 1980 - EAN 9788887942668

à partir de la naissance
et aussi...

❀ aquarium 0+
Ⓐ YANN FASTIER
L'Atelier du Poisson soluble - 2009 - EAN 9782913741829

❀ comment tu t'appelles? 0+
Ⓐ GAY WEGERIF
MeMo - Tout-Petits Memomes - 2010 - EAN 9782352890829

❀ La chenille qui fait des trous 0+
Ⓐ ÉRIC CARLE
Mijade - 2004 (1998) - EAN 9782871421366

❀ Le chat et l'oiseau 0+
Ⓐ FRANCESCO PITTAU Ⓘ BERNADETTE GERVAIS
Gallimard Jeunesse - Giboulées - 2007
EAN 9782871426592

❀ Le livre des cris 0+
Ⓐ SOLEDAD BRAVI
L'École des loisirs - Loulou & cie - 2005 - EAN 9782211079617

❀ mon premier livre avec mimi 0+
Ⓐ LUCY COUSINS
Albin Michel Jeunesse - 2001 - EAN 9782226118189

❀ tout autour de moi 0+
Ⓐ CLOTILDE PERRIN
Rue du Monde - 2010 - EAN 9782355041129

❀ tout le monde est prêt 0+
Ⓐ LUDOVIC FLAMANT Ⓘ ÉMILE JADOUL
Pastel - 2009 - EAN 9782211094429

❀ un ballon pour... 0+
Ⓐ MALIKA DORAY
L'École des Loisirs - Loulou et cie - 2010
EAN 9782211201292

❀ où est papa? 0+
Ⓐ PIERRICK BISINSKI
Gallimard Jeunesse - 2010 - EAN 9782070634934

Regard critique

Tout le monde aujourd'hui le sait, *« les livres, c'est bon pour les bébés »*. Mais dans les faits, tout le monde n'est pas encore convaincu. Pourtant, **c'est dès les premiers mois de son existence que le tout-petit profitera pleinement de l'apport des livres.** Ces moments de lecture vont contribuer à mettre son activité psychique en mouvement, en lui offrant le cadre sécurisant, enveloppant et constructif des objets culturels. Qu'il ne comprenne pas le sens de tout ce qui est dit n'a aucune importance car le bébé est en revanche extrêmement sensible à la musicalité et au rythme du texte. La langue des livres lui transmet l'idée qu'il y a une autre langue que celle de tous les jours : celle du récit, qui va progressivement lui faire assimiler les notions essentielles pour ses premiers apprentissages.

à faire

Aujourd'hui, quasiment toutes les bibliothèques ont un espace dédié aux bébés. Familiarisez les tout-petits avec ce lieu de la culture, faites leur observer tous ces enfants qui choisissent des livres et offrez-leur un *« bain de langue »*. Enfin, surveillez les dates d'éventuels **« Salon des bébés lecteurs »** qui se tiennent maintenant un peu partout, sur l'exemple de la ville de Quetigny (Côte-d'Or).

↝ à partir de 2 ans

À PARTIR DE DEUX ANS, L'ENFANT RELÈVE LE DÉFI DE L'AUTONOMIE : MANGER ET S'HABILLER SEUL, RESTER À LA GARDERIE PUIS ENTRER À L'ÉCOLE, CONSTRUIRE SES PREMIERS APPRENTISSAGES… Dès lors, il faut miser sur des albums qui vont rassurer l'enfant, non pas seulement sur un sujet précis ou une problématique, mais grâce à des textes profonds ou à des images sensibles. Aussi, vous trouverez ici principalement des albums qui abordent ce que signifie grandir, qui évoquent la nécessaire séparation, stimulent la curiosité de l'enfant ou son ouverture sur les autres et sur le monde. Tout en apportant beaucoup de tendresse et de réconfort !

✳ BéBéS CHOUeTTeS 2+

Ⓐ MARTIN WADDELL Ⓘ PATRICK BENSON

Trois petites chouettes, frères et sœurs sur une branche, de la plus petite à la plus grande, attendent le retour de leur maman. À mesure que le temps passe, l'angoisse monte, jusqu'au retour majestueux de la maman, qui étend ses larges ailes sur la double page, accompagné de la seule phrase « Et elle rentra ». Un album qui fait éprouver l'angoisse de la séparation pour mieux la dépasser voire la sublimer tant le texte est à la fois enfantin et lyrique. Le récit joue ainsi sur la répétition systématique, en fin de page, de la plainte du plus petit des bébés chouettes, Lou, qui répète inlassablement en un soupir : « Je veux ma maman ». Mais les expres-sions, particulièrement choisies, soutenues par l'usage du passé simple, distillent subtilement de rassurant messages « Je pense que nous devrions tous nous mettre sur ma branche, dit Sarah. Et c'est ce qu'ils firent, tous les trois ensemble ». Les images, quant à elles, jouant du clair-obscur et de l'usage virtuose du trait rappellent les gravures des contes et s'affirment avec une ampleur et une force rares dans l'album pour les tout-petits. Intelligemment pensé, artistiquement exécuté, voici donc un album essentiel qui sait si bien se faire adopter de son jeune public.

Kaléidoscope - 1993 - * EAN 9782877670883

✳ CHIEN BLEU 2+

Ⓐ NADJA

Voici un récit qui a l'ampleur des contes, et des images qui ont la force et la qualité de la peinture : il n'en fallait pas plus pour créer l'un des plus fascinants albums pour enfants. L'intrigue est simple et canonique : la petite Charlotte reçoit la visite d'un mystérieux chien au pelage bleu, ce qui inquiète sa maman qui lui interdit de le revoir. Mais, lorsque à la faveur d'un pique-nique, Charlotte se perd, Chien bleu la sauvera

des dangers et la ramènera saine et sauve à la maison, signant là son acceptation au sein de la famille. Chaque image s'étend sur une double page de grand format. La force des compositions comme la qualité de la couleur, font de ces images tableaux autant de scènes inoubliables, comme celle de Charlotte chevauchant Chien bleu, d'où

se dégage un extraordinaire sentiment de liberté et de bonheur mêlés. Au-delà, le mystère de ce chien au pelage bleu cobalt, la véracité et la chaleur du quotidien confronté à l'ampleur de l'imaginaire, la force expressive de ce récit initiatique, font de cette lecture un puissant ressort émotionnel qui accompagne durablement l'enfant. Un album que l'on peut proposer dès deux ans mais qui pourra être relu au fil des années. Un grand classique de l'enfance.

L'École des Loisirs - 1989 - * EAN 9782211014175

✳ La chasse à l'ours 2+

Ⓐ MICHAEL ROSEN Ⓘ HELEN OXENBURY

« Nous allons à la chasse à l'ours. Nous allons en prendre un très gros. La vie est belle ! Nous n'avons peur de rien ». Basé sur le plaisir de répétitions et d'onomatopées qui font refrain, voici l'ex-

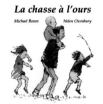

pédition d'une famille qui s'aventure avec joie et insouciance à la chasse à l'ours en franchissant allègrement rivières, champs et forêts jusqu'à la tanière de l'ours qui lui fera prendre la fuite et retraverser tous les décors, en sens inverse et à toute vitesse, ne trouvant refuge qu'à la maison.

L'alternance des illustrations en couleurs/en noir et blanc et le retour du refrain, berce le lecteur jusqu'à la découverte de l'ours et la séquence de fuite, qui mêle rires et frissons. Toute la saveur de cet album se goûte à la relecture, que les enfants vous demanderont jusqu'à satiété. Les répétitions et le rythme servent alors à préparer l'événement attendu, la découverte de l'ours, en faisant durer le suspense. Un modèle de narration servi par des illustrations douces et harmonieuses.

Kaléidoscope - 1997 (1989) - EAN 9782877671996

⌇ à PARTIR DE 2 ans

✳ POMELO GRANDIT `2+`

Ⓐ RAMONA BADESCU
Ⓘ BENJAMIN CHAUD

Maintenant,
il se sent assez grand
pour la grande aventure.

Le héros de la série qui porte son nom grandit. Le format aussi, pour rendre compte de l'ampleur du monde face à cet attachant personnage qui se pose beaucoup beaucoup de questions sur ce que ça veut dire « grandir ». Un sujet abordé tout au long du livre, dans les rencontres avec les autres, au fil des découvertes, le tout avec énormément d'humour, mais aussi de tendresse, de respect et d'affection pour le lecteur. La dernière image qui montre la volonté enfin affirmée du jeune héros à grandir est salvatrice. À relire souvent au fil des ans.

Albin Michel Jeunesse - 2010 - EAN 9782226195661

✳ LaPIN mon LaPIN `2+`

Ⓐⓘ MALIKA DORAY

Mais toi,
Lapin mon lapin, tu es un lapin,
c'est la nuit alors tu dois dormir.

Un album doux à tous niveaux, dans son papier, dans ses délicats dessins, et dans son propos qui explique avec beaucoup de pudeur et de simplicité tout ce qui fait la vie d'un petit enfant : manger, dormir, jouer, se séparer d'avec sa maman... Le texte retranscrit la parole maternelle qui répète régulièrement « *lapin mon lapin, tu es mon lapin* », comme une manière de rythmer son propos et d'associer tendrement son enfant. Par ces textes rimés c'est à la fois avec une grande poésie et une grande efficacité que la douce parole de la mère affirme, intangible, que si l'on s'aime il faut aussi accepter de se séparer. Le message passe assurément, ainsi conforté par la grande tendresse du texte et des images, dépouillées, mais néanmoins, elles aussi, très chaleureuses.

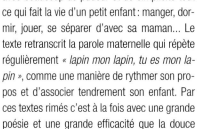

MeMo - 2006 - EAN 9782910391942

❋ COLLECTION PETITS GÉANTS 2+

L'une des toutes premières collections de poésie pour enfants.
À chaque album de petit format correspond un poème choisi pour
les petits et mis en image de manière inventive par un illustrateur
différent. Le Clown, de Roland Topor, Un Poisson d'avril, de Boris
Vian ou encore Le Pélican de Robert Desnos sont quelques-uns
des titres offerts par cette collection idéale pour se familiariser
avec les sons et les couleurs de la poésie et de l'illustration.

Rue du monde

❋ KEN, LE RENARD D'AKI 2+
Ⓐ AKIKO HAYASHI

Ce livre commence avant la naissance
de l'héroïne qui est attendue par Ken,
son renard en peluche. Les points de vues
de l'un et l'autre alternent pour nous conter
un petit bout de leur vie d'enfants, saisie
dans son quotidien, où le merveilleux pointe
souvent. Une petite vie qui apporte son lot de
peurs, de rires, d'accidents aussi, mais de
bons moments, dont certains de pure beauté ou d'immense tendresse.

L'École des Loisirs - 1989 - EAN 9782211035408

❋ LA GRENOUILLE
À GRANDE BOUCHE 2+
Ⓐ FRANCINE VIDAL Ⓘ ÉLODIE NOUHEN

« T'es qui toi ? » « Et tu manges quoi
toi ? » : la répétition des questions de la
grenouille à grande bouche à chaque
rencontre conduit formidablement
vers la chute de cette histoire irrésistible.
Le graphisme, et tout particulièrement
celui de la bouche de la grenouille,
soutient efficacement la narration.

Didier Jeunesse - 2001 - EAN 9782278050932

❋ MON PAPA ET MOI 2+
Ⓐ TADAO MIYAMOTO

Un dialogue père-fils très touchant,
par lequel Papa ours répond
avec beaucoup de respect,
de sagesse, d'amour et d'affection
aux questions existentielles
de Petit ours. Voir dans la même
série les discussions avec la
maman ou les grands-parents.

Mango Jeunesse - 1995 - EAN 9782740425091

❋ PETIT-BLEU ET PETIT-JAUNE 2+
Ⓐ LEO LIONNI

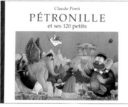

Lorsque Petit-Bleu retrouve Petit-
Jaune et l'embrasse, ils deviennent
un seul et même petit rond vert.
Un classique qui ne perd rien de
sa fraîcheur et de son inventivité.
L'histoire forte sur l'amitié
et la réflexion sur l'identité sont
portées par un graphisme inventif,
véritable incitation à la pratique de la peinture.

L'École des Loisirs - 1970 - * EAN 9782211011716

❋ PÉTRONILLE ET SES 120 PETITS 2+
Ⓐ CLAUDE PONTI

Un grand et long album pour
les petits, un récit épique,
avec certes 120 souris, mais
aussi le monstre Cafouillon,
la Maman de toutes les
mamans, un bisou anti-
chagrin... Une histoire nourrie
de références à la culture
d'enfance mais qui réinvente à elle toute seule une autre manière,
profonde, flamboyante, fantaisiste, de raconter des histoires.
Un livre culte de Claude Ponti.

L'École des Loisirs - 1990 - * EAN 9782211022293

❋ UNE HISTOIRE SOMBRE,
TRÈS SOMBRE 2+
Ⓐ RUTH BROWN

La grande référence de l'album à
suspense. Entre frissons et guilis, on
avance, pas à pas, au cœur de ce bois
puis de ce château « sombre, très
sombre ». La répétition crée un rythme,
une atmosphère, permet de se focaliser
sur les images, et de découvrir le chat...
qui se trouve être la clé du retournement
de situation en dernière page !

Gallimard Jeunesse - 1981 - * EAN 9782070561353

❋ VERDURETTE ET COMPAGNIE 2+
Ⓐ CLAUDE BOUJON

Un très bel album hommage au regretté
Claude Boujon, qui produisit, au cours
des années 1980 parmi les plus drôles
des livres pour les petits. Grand fabuliste
contemporain, dessinateur virtuose,
ses principaux titres, tous d'une
redoutable efficacité, sont ici rassemblés,
de Bon appétit ! Monsieur Lapin
à Pauvre Verdurette en passant par La Brouille.

L'École des Loisirs - 2000 - EAN 9782211059862

à partir de 2 ans

❀ à quatre pattes
LES BéBéS SONT PARTIS 2+

Ⓐ PEGGY RATHMANN

Des ombres chinoises dansent sur des fonds chatoyants pour raconter la danse des bébés fugueurs.
Un beau texte rimé d'une grande tendresse.

L'École des Loisirs - 2005 - EAN 9782211079136

❀ BONSOIR PORTEMANTEAU 2+

Ⓐ AURÉLIE GUILLEREY

Réjouissant petit album, qui se présente comme un plateau où des comédiens entrent successivement en scène pour construire progressivement un finale surprise.
Un portemanteau s'animera sans un mot, magiquement.

JBZ et Cie - 2010 - EAN 9782755606560

❀ Jeombak
MON PETIT FRèRE 2+

Ⓐ JUNG-SUN KIM

Le petit frère est ici un chiot qui grandit avec l'adorable héroïne. Beaucoup de tendresse et de douceur, mais aussi des sentiments exprimés sans concession.

Chan-Ok - 2007 - EAN 9782916899046

❀ JOUR DE LESSIVE 2+

Ⓐ FRÉDÉRIC STEHR

De fil en aiguille, une lessive collective au bord de la rivière s'improvise. Un album aux illustrations douces et tendres qui respire la joie de vivre.

L'École des Loisirs - 2010 - EAN 9782211201131

❀ JOUR DE ménage
POUR mimosa 2+

Ⓐ JENNIFER DALRYMPLE

Une tranche de vie du quotidien le plus prosaïque, magnifiquement saisie au travers des dialogues complices mêlés d'humour tendre entre la toute jeune Mimosa et ses parents.

L'École des Loisirs - 1992 - * EAN 9782211064415

❀ Le PRINCE TIGRE 2+

Ⓐ CHEN JIANG HONG

Où un jeune prince courageux se trouve recueilli par une tigresse tendre et maternelle.
Un grand et bel album pour les petits.

L'École des Loisirs - 2005 - * EAN 9782211078818

❀ mon LION 2+

Ⓐ MANDANA SADAT

Un superbe album sans texte, aux formes amples, aux couleurs infiniment chaleureuses qui nous conte l'aventure d'un petit enfant recueilli par un lion.

Autrement Jeunesse - Histoire sans paroles - 2005
EAN 9782746707153

❀ N'AIE PAS PEUR TEDDY !
JE TE PROTÈGERAI
DES BÊTES SAUVAGES 2+

Ⓐ MARTHA ALEXANDER

La traversée de la forêt par un petit garçon et son ours en peluche. À mesure que l'inquiétude augmente, l'ours grandit pour finalement recueillir dans ses bras l'inconscient téméraire. Une belle force symbolique.

Pastel - 2009 (1984) - EAN 9782211093491

❀ PETIT LION 2+

Ⓐ CLAIRE CANTAIS

Gabriel, déguisé en lion, mord tout ce qui bouge. Il faudra de la ruse, beaucoup d'humour et de tendresse mêlés pour le ramener à la raison. Des images aux collages amusants.

L'Atelier du Poisson soluble - 2005
EAN 9782913741317

❀ PIPI DANS L'HERBE 2+

Ⓐ MAGALI BONNIOL

Adorable petite tranche de vie en pleine nature. La fraîcheur et la véracité des textes aussi bien que des images font de cet album un bien agréable moment de lecture.

L'École des Loisirs - 2000 - EAN 9782211056953

❀ PLOUF! 2+

Ⓐ PHILIPPE CORENTIN

Un loup idiot et des lapins malins ça fait toujours rire. Mais revigorés par la verve, la truculence et le coup de crayon d'un Corentin qui en renverse le format du livre, c'est hilarant !

L'École des Loisirs - 1991 - * EAN 9782211026413

❀ Raymond Rêve 2+

Ⓐ ANNE CRAUSAZ

Le printemps arrive et c'est toute une vie rêvée puis réelle qui s'ouvre à Raymond l'escargot. Un graphisme particulièrement agréable grâce à la tonalité des couleurs et à la qualité des formes.

MeMo - 2008 - EAN 9782352890072

❀ TOI GRAND ET MOI PETIT 2+

Ⓐ GRÉGOIRE SOLOTAREFF

Un récit sage et profond, magnifiquement illustré, pour appréhender la complexité des relations entre grandir et vieillir du point de vue de l'enfant.

L'École des Loisirs - 1996 - * EAN 9782211038577

❀ UN AMOUR DE BALLON 2+

Ⓐ KOMAKO SAKAÏ

Recevoir un ballon, y faire attention, jouer avec et le perdre, c'est une aventure parfois centrale dans une vie d'enfant. C'est ce qu'a voulu nous dire l'auteur avec l'infinie douceur qui la caractérise.

L'École des Loisirs - 2005 - EAN 9782211077668

❀ ZOO LOGIQUE 2+

Ⓐ EMMANUELLE GRUNDMANN
Ⓘ JOËLLE JOLIVET

Ce livre est un rêve d'enfant, celui de tenir dans ses bras un grand livre plein de tous les animaux du monde. On peut se contenter de les admirer tous mais aussi se livrer à mille jeux sur l'étendue des pages immenses.

Seuil Jeunesse - 2002 - * EAN 9782020413855

❀ à LA FÊTE FORAINE 2+

Ⓐ ANTHONY BROWNE

Un livre animé du grand Anthony Browne, coloré, dynamique : la fête foraine comme si vous étiez. Jubilatoire.

Kaléidoscope - 2002 - EAN 9782877673631

❀ BLAISE ET LE CHÂTEAU
D'ANNE HIVERSÈRE 2+

Ⓐ CLAUDE PONTI

Ce livre qui raconte la préparation du gâteau d'Anne Hiversère par une multitude de poussins, foisonne de jeux d'observation. Intéresse les enfants de tous âges.

L'École des Loisirs - 2004 - * EAN 9782211077637

conseil lecture

Lorsqu'on lit le texte d'un album, parfois, on est gêné par un mot et on voudrait le changer. Pourtant, il est très important de respecter le texte d'un livre. N'oublions pas qu'un bon auteur choisit consciencieusement ses mots et que les éditeurs y sont également très attentifs. Toutefois, si vous avez des difficultés à lire un texte à voix haute, que les phrases vous semblent mal tournées, difficiles dans leurs enchaînements, c'est peut-être tout simplement que ce texte n'est pas bon. Il ne faut alors pas hésiter à mettre le livre de côté ! En revanche, si c'est juste un mot qui vous paraît difficile à comprendre, ne le remplacez pas, car c'est en rencontrant ainsi les mots inconnus, dans leur contexte, que l'enfant acquiert progressivement du vocabulaire.

et aussi...

❀ à Tous petits pas 2+
Ⓐ SIMON JAMES
« La meilleure façon de marcher » revue avec une infinie tendresse.
Gautier-Languereau - 2008 - EAN 9782013914659

❀ atzim zim zim! 2+
Ⓐ MARIE MAHLER
Une pétillante balade tout en couleurs et transparences.
L'Atelier du Poisson soluble - 2009 - EAN 9782913741867

❀ L'ours et les feuilles 2+
Ⓐ DAVID EZRA STEIN
Un ours au sein de la forêt. Pour dire le bonheur d'être au monde.
Circonflexe - 2008 - EAN 9782878334654

❀ maman! maman! j'ai mal au ventre ! 2+
Ⓐ REMY CHARLIP Ⓘ BURTON SUPREE
Une fable drolatique en ombres chinoises.
Circonflexe - Aux couleurs du temps - 1966 (2002)
EAN 9782878333145

❀ mono le cyclope 2+
Ⓐ OLIVIER DOUZOU
Un humour et un esprit d'enfance bien communicatifs.
Éditions du Rouergue - 1993 - EAN 9782905209801

❀ sur l'île des zertes 2+
Ⓐ CLAUDE PONTI
Un vrai Ponti, pour les plus petits.
L'École des Loisirs - 1999 - * EAN 9782211055734

❀ très, très fort 2+
Ⓐ TRISH COOKE Ⓘ HELEN OXENBURY
Un jour de fête comme un tourbillon de tendresse et de joie de vivre.
Flammarion - Père Castor - 1995 - EAN 9782081609761

❀ mon beau soleil 2+
Ⓐ NATALI FORTIER
La journée d'un jeune enfant nimbée de lumière et de couleurs.
Albin Michel Jeunesse - 2010 – EAN 9782226193605

Regard critique

Deux, trois ans, est l'âge de la véritable entrée dans les livres. L'essentiel de la production d'albums se concentre d'ailleurs sur cette tranche d'âge. Cette offre multiplie les styles, les types d'histoires, et propose à l'enfant un panorama diversifié des genres… **À cet âge, la qualité s'avère d'autant plus cruciale.** Il faut des textes bien construits, agréables à la lecture à voix haute. Ils utilisent encore souvent les répétitions pour structurer le récit et apporter une musicalité à la narration qui suscite généralement l'adhésion du public. Les images commencent à être également très variées, plus travaillées aussi et finalement, des ronds de couleur au dessin proche de la gravure en passant par la peinture, c'est toute une gamme esthétique à laquelle se forme le regard de l'enfant.

à faire

À cet âge, il est particulièrement important de multiplier les occasions de lecture. On se limite trop souvent à la seule histoire du soir. Dans la journée, le mercredi, le week-end, se ménager des moments de lecture, confortablement installés avec une pile d'albums. **Et n'oublions pas que la lecture est d'autant plus bénéfique qu'elle constitue un moment de bonheur partagé.** D'où l'importance de choisir des livres qui vous plaisent à vous aussi !

25

↝ à PARTIR DE 4 ans

QUATRE, CINQ ANS, EST UN ÂGE INTÉRESSANT DANS UN PARCOURS DE LECTEUR.
Par la fréquentation régulière des livres, l'enfant commence à se forger sa propre culture, qu'il partage d'abord avec ses parents, mais aussi avec ses enseignants et ses camarades de classe. À cet âge, le lecteur est très ouvert à tous les genres, et on peut commencer à introduire de la poésie, de véritables contes dans sa bibliothèque. Surtout, il devient un lecteur plus actif, la lecture devient des plus profitables, elle le prépare aux apprentissages, lui ouvre l'imaginaire et l'aide dans sa compréhension du monde. L'enfant est maintenant moins isolé des autres, et se trouve donc confronté à des sujets difficiles. C'est pourquoi il faut aussi bien regarder les entrées par thèmes pour choisir des livres en fonction de ses besoins ou interrogations. Et surtout se régaler de l'émergence de la plus délicieuse des formes d'intelligence : l'humour !

✱ max et Les maximonstres 4+

Ⓐ MAURICE SENDAK

Tout simplement un chef d'œuvre de l'album, qui a aidé des générations d'enfants à grandir, à vaincre leurs cauchemars et leurs angoisses en les subli-mant par l'esthétique et l'évadée de l'imaginaire. Publié en 1963 aux États-Unis par le grand maître de l'album, Maurice Sendak, ce titre a fait date dans l'histoire du livre pour enfants. Notamment parce que, pour la première fois, un livre mettait en scène l'inconscient et l'imaginaire d'un enfant. Celui de Max qui, privé de repas et puni dans sa chambre pour avoir menacé sa mère de la manger, entreprend un long et courageux voyage au pays des menaçants Maximonstres qui « *roulaient des yeux terribles* », « *poussaient* de terribles cris* », « *faisaient grincer leurs terribles crocs* » et « *dressaient vers Max leurs terribles griffes* ». L'enfant les domine tranquillement, notamment dans une belle sé-quence muette de trois doubles-pages par laquelle on voit Max mener la danse, avant d'abandonner ses étranges compagnons pour retourner dans sa chambre. Où il retrouve, au terme d'un long voyage, son dîner qui l'attend, « *tout chaud* » ! La mise en pages accompagne admirablement la narration, tandis que le texte et les images offrent une exceptionnelle complémentarité. La grande qualité et la profonde originalité de cet album lui donnent une place primordiale dans l'histoire du livre pour enfants.

L'École des Loisirs - (1967) - EAN 9782211028936

❋ LES TROIS BRIGANDS ⁴⁺

Ⓐ TOMI UNGERER

Faut-il encore présenter ce grand classique de l'album pour enfants, profondément original, aussi bien par son graphisme, que par son histoire, celle de brigands devenus bienfaiteurs, éveillés à la générosité par la lumineuse innocence d'une petite fille ? La manière dont le maître Tomi Ungerer recourt au jeu symbolique des couleurs, reposant sur une gamme restreinte de teintes en contraste marqué avec le noir, et sur l'efficacité graphique de ses silhouettes en ombres chinoises, fait que ces images s'impriment durablement dans l'imaginaire enfantin. Qui ne s'est pas souvenu avec force de cette charge émotionnelle en retrouvant l'image de couverture ? Sur le fond, la force expressive de la dénonciation de la cupidité des hommes et son parti-pris pour l'enfance placent cet album au sommet de la littérature pour la jeunesse.

L'École des Loisirs - (1968) - * EAN 9782211019613

❋ PaTaTRaS ⁴⁺

Ⓐ PHILIPPE CORENTIN

Une verve truculente, relâchée, des caricatures virtuoses, une douceur des teintes, un loup hagard qui court après des lapins malins... C'est bien un livre de Philippe Corentin ! Voici donc un loup, qui a faim, « *méchamment faim* », même, et qui descend dans un terrier où traînent des carottes car « *un terrier plein de carottes, c'est plein de lapins* ». Tout l'intérêt de l'album réside dans la différence de points de vue entre celui du texte (le loup) et celui des images, qui montrent l'envers du décor et une multitude de lapins cachés. Plus le loup pénètre dans le terrier, plus la tension monte. Mais, attention, tel est pris qui croyait prendre, et la chute, au sens propre, comme au figuré, offre une étonnante surprise finale. S'il dessine des loups stupides, Philippe Corentin est loin de prendre les enfants pour des idiots. Par son articulation du texte et de l'image, il place le lecteur au centre du livre et le met en position de « *tout* » voir et « *tout* » comprendre. Une démarche qui accorde une grande confiance aux jeunes lecteurs.

L'École des Loisirs - 1994 - * EAN 9782211028790

Là, attention ! Il a l'air rigolo comme ça,
mais il ne faut pas s'y fier. Il a méchamment faim.

~ à PARTIR DE 4 ans

❋ BROUTILLE 4+
Ⓐ CLAUDE PONTI

Un livre de petit format dans lequel tient pourtant tout un monde, celui de la poupée d'Adèle : Broutille, qui vient, dans ses rêves, tout lui dire de ses origines, de la création, qu'elle soit celle du monde ou celle de l'art, qui sont indissociables. Ainsi, Broutille y raconte comment faire des livres, comment un enfant a sauvé le monde et comment est née la pluie. Des histoires

dans l'histoire se présentent donc une à une, sous la forme de bandes dessinées. Certaines sont drôles, d'autres un peu cruelles. D'autres encore touchent aux mythes fondateurs. Et lorsque le Poisson-silence passe, le texte s'efface et l'on est subjugués. On pourrait partir sur une île déserte et n'avoir que ce livre-là qu'on aurait déjà appris et ressenti pour toute une vie…

L'École des Loisirs - Mouche - 1992 - EAN 9782211054645

❋ OUVRE… JE SUIS UN CHIEN ! 4+
Ⓐ ART SPIEGELMAN

Un livre total aussi bien conte que BD, livre-jeu ou livre-animé. Il fallait bien le génie d'un Art Spiegelman (l'auteur de *Maus* la première bande-dessinée de l'histoire consacrée par le prix Pulitzer) pour l'inventer ! C'est un livre qui veut faire croire à son lecteur qu'il est un chien et qui déploie donc tous les ressorts possibles pour arriver à ses fins : simulations du mouvement par des pages animées, pages de garde imitant le pelage d'un chien et même une véritable laisse (!) qui semble retenir le livre ! La persuasion passe aussi par la répétition, le récit dans le récit et, bien sûr, se trouve surtout

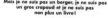

… ce livre-ci !

Mais je ne suis pas un berger, je ne suis pas un gros crapaud et je ne suis pas non plus un livre !

J'adore rester sur tes genoux, mais je voudrais que tu me caresses, et pas seulement que tu tournes mes pages !

dominé par une bonne dose d'humour. Mais, jouant tout à la fois sur la capacité de distance de l'enfant et son inclination à l'illusion, le respect mutuel et la profonde complicité que ce livre original engage avec son jeune lecteur sont tout simplement touchantes.

Gallimard Jeunesse - 1997 - EAN 9782070507481

❀ CHHHT !
Ⓐ SALLY GRINDLEY Ⓘ PETER UTTON

Le livre s'adresse directement au lecteur qui devient un personnage du livre. Il doit traverser un château sans réveiller le géant, et à chaque pièce, le livre lui ordonne : « vite, tourne la page », laquelle est effectivement tournée avec l'impression d'avoir échappé in extremis au réveil du géant. Entre rire et frissons, un album inoubliable.

Pastel - 1991 - EAN 9782211023412

❀ HULUL ET COMPAGNIE 4+
Ⓐ ARNOLD LOBEL

Le meilleur de ce grand auteur américain rassemblé en un seul volume. On peut aussi préférer les titres autonomes au format plus intime d'Une Soupe à la souris, de Ranelot et Bufolet ou d'Hulul... Quoi qu'il en soit, il ne faudrait pour rien au monde qu'un enfant ignore l'immense réconfort que procurent de manière inimitable ces histoires aussi chaleureuses que drôles et inventives. Quand on a lu Arnold Lobel, on ne l'oublie pas.

L'École des Loisirs - 2001 - EAN 9782211064255

❀ LE GENTIL FACTEUR 4+
Ⓐ JANET AHLBERG Ⓘ ALLAN AHLBERG

Cet album suit la tournée d'un facteur qui s'arrête chez le loup du Petit Chaperon rouge, les Trois Ours de Boucle d'or... À chaque halte, le lecteur découvre une enveloppe à ouvrir, de laquelle il sort des lettres, des cartes d'anniversaire, des manuscrits adressés à ces personnages des contes. L'enfant trouve un grand plaisir dans la manipulation des documents et de leurs références !

Albin Michel Jeunesse - 2005 - EAN 9782226159236

❀ LA VIE DE KUMA KUMA 4+
Ⓐ KAZUE TAKAHASHI

Un petit livre comme seuls les Japonais savent en faire. Sobre et dépouillé, mais également empreint de fantaisie et d'absurde. Le format intime renforce l'empathie pour le personnage d'ours duveteux saisi dans toute la poésie de son quotidien. On voudrait tant passer une journée tout en sensations et en observations avec Kuma Kuma !

Autrement Jeunesse - 2005 - EAN 9782746707344

❀ LE GÉANT DE ZÉRALDA 4+
Ⓐ TOMI UNGERER

Où comment une petite fille, par son innocence et ses talents de cuisinière, réussit (ou presque, voir la dernière page !) à convertir un ogre aux raffinements de la gastronomie. C'est à la relecture qu'on savoure le mieux cet album, dans les divergences de l'image, ou ses détails. Un classique du grand Tomi Ungerer, incontournable.

L'École des Loisirs - 1971 - * EAN 9782211020336

❀ LÉO 4+
Ⓐ ROBERT KRAUS Ⓘ JOSÉ ARUEGO

Léo ne sait rien faire comme les autres, ce qui inquiète énormément ses parents. Mais un jour, à son heure, Léo se révèle. Un album essentiel pour renforcer la confiance en soi quand l'enfant a le sentiment que tout le monde va plus vite que lui.

L'École des Loisirs - 1973 - * EAN 9782211019026

❀ MES 66 PLUS BELLES POÉSIES 4+

Une sélection de poésies ayant chacune leur propre double-page illustrée par un créateur différent. Un beau recueil à garder longtemps, avec des classiques et des découvertes de : Apollinaire, Aragon, Baudelaire, Chédid, Claudel, Desnos, Éluard, Hugo, Prévert, Queneau, Roy, Verlaine...

Gallimard Jeunesse - 2008 - EAN 9782070617784

❀ TOUJOURS RIEN ? 4+
Ⓐ CHRISTIAN VOLTZ

Alors que Monsieur Louis attend que sa plantation pousse, le lecteur, lui, voit ce qui se passe sous terre grâce à un plan en coupe. La petite pousse grandit sous terre alors que l'impatience de M. Louis augmente : les enfants voudraient tellement pouvoir dire à M. Louis qu'elle arrive ! Une grande réussite.

Éditions du Rouergue - 1997 - EAN 9782841560684

à PARTIR De 4 ans

❋ aDÈLe eT La PeLLe 4+

Ⓐ CLAUDE PONTI

Une épopée aussi fantastique que fantaisiste, où l'absurde, l'esprit de jeu et d'escalier seront les seuls guides d'une lecture mémorable.

Gallimard Jeunesse - 1990 - EAN 9782070564101

❋ HISTOIReS De CHIen eT De CHaT 4+

Ⓐ JOSEF CAPEK

Le charme intemporel et universel des aventures quotidiennes de Chien et Chat, deux « adultes » qui se conduisent en tous points comme des enfants.

MeMo - 2008 (1926) - EAN 9782352890063

❋ Jean De La Lune 4+

Ⓐ TOMI UNGERER

L'histoire de Jean qui voulut connaître les joies terrestres mais remonta bien vite sur la lune, chassé par l'agressivité des humains. Une belle fable dont la force des images nous accompagne pour la vie.

L'École des Loisirs - 1969 - * EAN 9782211019880

❋ Jean-LUC eT Le CaILLOU BLeU 4+

Ⓐ MICHEL GALVIN

Un texte rimé, des images à secrets, un ton théâtral, pour une histoire teintée de philosophie... Un album rare, réussi et très plaisant.

Seuil Jeunesse - 2008 - EAN 9782020979229

❋ JOUR De PLUIe 4+

Ⓐ URI SHULEVITZ

Quiétude de l'enfant tranquillement installé au chaud derrière la fenêtre ruisselante de pluie. L'imagination s'envole, Les sensations affleurent : le raffinement d'un album au charme suranné.

Autrement Jeunesse - 2008 (1969)
EAN 9782746711815

❋ L'ÉCUReUIL eT La Lune 4+

Ⓐ SEBASTIAN MESCHENMOSER

Un album vivant comme : un dessin qui s'animerait, une idée qui passe du coq à l'âne ou une foule de petits détails amusants.

Minedition - 2008 - EAN 9782354130305

❋ La GaLeTTe eT La GRanDe OURSe 4+

Ⓐ ANNE HERBAUTS

Un magnifique petit livre aux illustrations délicates qui raconte de petites histoires, chante des chansons et nous dit tout de la naissance de la lune et de la Grande Ourse.

Casterman - 2009 - EAN 9782203022423

❋ Le DÉJeuner De La PeTITe OGReSSe 4+

Ⓐ ANAÏS VAUGELADE

Une petite ogresse solitaire, un jeune garçon pacifique. Un album fort, servi par d'audacieux jeux de couleurs. Et une pointe finale d'humour noir pour ponctuer le tout, en hommage au Géant de Zéralda.

L'École des Loisirs - 2002 - EAN 9782211066914

❋ Le DOUDOU méCHanT 4+

Ⓐ CLAUDE PONTI

Un album fort, qui fait éprouver jusque dans ses retranchements les conséquences de la bêtise et de la méchanceté, pour mieux apprécier la quiétude d'un environnement doux et aimant.

L'École des Loisirs - 2000 - * EAN 9782211059923

❋ Le TUnneL 4+

Ⓐ ANTHONY BROWNE

Un frère et une sœur que tout sépare. Mais la forêt des contes dans laquelle ils s'aventurent par un tunnel magique leur donnera la force de s'avouer leur amour fraternel.

Kaléidoscope - 1989 - EAN 9782877670111

❋ LeS PeTITS PaInS au nuaGe 4+

Ⓐ HEE-NA BAEK

D'adorables personnages dessinés évoluent dans des décors en trois dimensions. Drôle, tendre, poétique, et inventif.

Didier Jeunesse - 2006 - EAN 9782278056736

❋ SÉRIe maRCeL 4+

Ⓐ ANTHONY BROWNE

Plus qu'une série, une œuvre.

Marcel, le chimpanzé toujours en proie au doute mais dont les amitiés lui redonnent toujours confiance en lui. De vrais albums, complets, fourmillant de détails et riches à relire.

Kaléidoscope

❋ OINK 4+

Ⓐ ARTHUR GEISERT

Une aventure tout en images seulement ponctuée par les « oink » des petits cochons facétieux. Le décalage entre la sobriété des images et le burlesque des situations est irrésistible.

Autrement Jeunesse - 2008 - EAN 9782746711747

❋ PeTIT mOPS 4+

Ⓐ ELZBIETA

Un livre sans texte à lire tout seul dès 4 ans. Le style fin et délicat des dessins, le format et la qualité du papier se prêtent ben à cette lecture intime qui suit Petit Mops, baluchon sur l'épaule, dans ses aventures inventives et poétiques.

Éditions du Rouergue - 2009 - EAN 9782841569922

❋ Sven S'en va 4+

Ⓐ EMMA ADBÅGE

Sven s'ennuie, de fil en aiguille, le voilà parti pour une aventure bien fatigante. La légère impertinence de l'enfant, l'humour des situations, la multitude de détails nous emportent bien vite à sa suite.

Éditions Notari - 2010 - EAN 9782940408290

❋ Un amOUReux POUR nIna ? 4+

Ⓐ CHRISTINE NAUMANN-VILLEMIN
Ⓘ MARIANNE BARCILON

Des dialogues savoureux font tout le suc de cet album où rayonne la petite Nina, son mauvais caractère mais aussi sa belle sensibilité.

Kaléidoscope - 2008 - EAN 9782877675666

POUR REBONDIR

Maurice Sendak a commencé à illustrer des livres dans les années 1950 et publia son premier livre en tant qu'auteur et illustrateur en 1963. Il s'agissait de *Max et les Maximonstres*, un album qui a révolutionné la littérature pour la jeunesse. Depuis, la très grande singularité de son style, la force de sa vision de l'enfance et la profondeur de ses récits ont convaincu des générations de lecteurs. Outre ceux présentés dans les sélections, voici quelques-uns de ses livres disponibles en français.

❋ MINI-BIBLIOTHÈQUE

Ⓐ MAURICE SENDAK

Cette mini-bibliothèque au format tant aimé des enfants, et à la fabrication admirable annonce : un alphabet, un livre à compter, un calendrier et un petit conte moral. Des livres éducatifs ? Pas vraiment, en témoigne l'alphabet des alligators : « B comme Balancent des piques sur leurs Ballons », ou « T comme Tonnent, Tapagent et Tonitruent... ». Abondance de nourriture, d'amusements, d'animaux sauvages ou domestiques, de voyages et de jeux de mots, c'est bien une éducation informelle, heureuse et réjouissante qui est ici prônée.

L'École des Loisirs - 2010 (1974) - EAN 9782211203548

❋ ROSIE

Ⓐ MAURICE SENDAK

Rosie et ses petits voisins s'ennuient souvent. Mais ils ont aussi une imagination débordante. Surtout Rosie, qui ordonnance la dramaturgie de leurs jeux sous l'œil bienveillant de sa mère. Une plongée dans l'univers de l'enfance.

L'École des Loisirs - 1981 - EAN 9782211075442

ET AUSSI...

❋ AKIKO LA CURIEUSE

Ⓐ ANTOINE GUILLOPPÉ

Une jolie série à l'esthétique soignée, multipliant les jeux de contrastes.

Picquier Jeunesse - 2006 - EAN 9782877307451

❋ BIDOU

Ⓐ ALEXIS DEACON

Un adorable petit extraterrestre trouve refuge en la compagnie des enfants.

Kaléidoscope - 2003 - EAN 97828776739837

❋ C'EST UN SECRET !

Ⓐ JOHN BURNINGHAM

Des enfants suivent des chats dans leurs escapades nocturnes.

Kaléidoscope - 2010 - EAN 9782877676533

❋ EN ALLANT ACHETER DES ŒUFS

Ⓐ CHIH-YUAN CHEN

Une tranche de vie teintée du jeu, de l'émotion et de toute la joie de vivre de l'enfance.

Picquier Jeunesse - 2004 - EAN 9782877307321

❋ MONSIEUR LE LIÈVRE, VOULEZ-VOUS M'AIDER ?

Ⓐ CHARLOTTE ZOLOTOW

Ⓘ MAURICE SENDAK

Dans un univers tout à la fois proche d'Alice et des impressionnistes, la rencontre d'une petite fille et d'un lapin qui va aider cette dernière à préparer l'anniversaire de sa maman. Le respect du lièvre, sa complicité et son accompagnement pour réaliser le désir de la fillette sont d'une grande finesse. L'intérêt du livre réside dans la discussion qui s'installe entre les deux protagonistes, dans cette nature luxuriante et lumineuse. Jusqu'à ce que la tombée de la nuit en fin de récit, ouvre l'imaginaire du jeune lecteur sur la célébration de l'anniversaire.

L'École des Loisirs - 2008 (1970) EAN 9782211093859

❋ SÉRIE PETIT-OURS

Ⓐ ELSE HOLMELUND MINARIK

Ⓘ MAURICE SENDAK

Une série d'une très grande tendresse, aussi bien dans le texte que dans l'image. L'imagination et la fantaisie sont au rendez-vous de ces livres au charme désuet et à l'envergure de classiques.

L'École des Loisirs - 1970

❋ LE MESSAGE DE LA BALEINE

Ⓐ CARL NORAC Ⓘ JEAN-LUC ENGLEBERT

Un album fort, très sensible, où la rencontre d'un garçon avec une baleine échouée le conduit des légendes à la réalité de sa vie familiale.

Pastel - 2000 - EAN 9782211053327

❋ SSSI J'TE MORDS, T'ES MORT !

Ⓐ PIERRE DELYE Ⓘ CÉCILE HUDRISIER

Une fable enlevée sur le rapport de force, dont la lecture à voix haute est fort appréciée des enfants.

Didier Jeunesse - 2008 - EAN 9782278059676

❋ STRONGBOY, LE TEE SHIRT DE POUVOIR

Ⓐ ILYA GREEN

Une plongée in vivo *dans les jeux d'enfants, de chats et de fourmis.*

Didier Jeunesse - 2007 - EAN 9782278057160

❋ PETITE BROUETTE DE SURVIE

Ⓐ TIERI BRIET Ⓘ ALEJANDRO MARTINEZ

Un périple en photographies, au plus près de l'imaginaire des enfants.

Éditions Où sont les enfants - 2005 - EAN 9782915970029

REGARD CRITIQUE

L'album est le support idéal des lecteurs de quatre à cinq ans. À cet âge, les enfants sont de très bons lecteurs d'images. Alors que vous êtes concentré sur la lecture à voix haute du texte, ils passent, eux, énormément de temps à regarder chaque image. Les créateurs le savent bien, et multiplient souvent les clins d'œil à leurs spectateurs : petits détails amusants, décalages avec le texte. Les enfants ne les ratent généralement jamais et ils ont alors cet immense plaisir, très valorisant, de vous montrer ce que vous n'aviez pas remarqué. **Voilà de quoi les conforter durablement dans leur plaisir de lire.**

À FAIRE

La multiplication des mini-livres et le plaisir qu'ont les enfants à manipuler ces petits objets peut entraîner **le désir de créer soi-même des petits livres.** Rien de plus facile : une simple feuille (ou deux, ou trois !) blanche pliée en quatre, une grosse aiguille et du fil pour relier le tout et c'est parti pour une aventure en textes et en images.

↝ à partir de 6 ans

ENTRE SIX ET SEPT SE PRODUIT LA PLUS GRANDE RÉVOLUTION DU PARCOURS DE LECTURE DE L'ENFANT : IL DEVIENT UN LECTEUR AUTONOME !

D'un enfant à l'autre, les besoins et envies de lectures sont alors très variés. Surtout, dans cette phase, l'apprenti lecteur va beaucoup tâtonner, essayer un genre, puis un autre… Cette sélection tente de refléter ce besoin de diversité. Par ailleurs, n'oublions pas de continuer à lire des histoires aux enfants, ils en ont toujours besoin. Continuons également à leur donner des albums (adaptés à leur âge bien sûr), car il ne faudrait pas leur faire perdre leurs talents de lecteurs d'images. Il y a dans l'image une émotion, une capacité à stimuler l'imaginaire qui reste bien spécifique. Sans compter qu'être un bon lecteur d'images est un atout dans nos sociétés contemporaines, le sens critique étant bien utile pour se ménager la distance nécessaire avec les flux visuels.

✻ La belle lisse poire du prince de Motordu 6+

Ⓐ PEF

Un classique qui a déjà fait rire deux générations d'enfants grâce à la savoureuse tendance du héros à tordre les mots. Ses « *troupeau de boutons* » et autres « *boulets rôtis* » ont fait le tour de bien des cours de récréation. L'auteur, d'une extrême bienveillance envers les enfants, assure un décalage minimal avec le langage, respectant toujours la syntaxe des phrases, de manière à lever toute ambiguïté. Les images soutiennent ces jeux de mots en même temps qu'elles créent un univers riche en détails amusants. Ce livre offre un humour salvateur à tous les enfants qui sortent juste de l'apprentissage de la lecture. En identifiant les mots tordus, les jeunes lecteurs acquièrent une distance vis-à-vis du langage qui les conduit vers une plus grande maîtrise. Les déclinaisons sous toutes les formes sont nombreuses mais on peut tout simplement commencer par l'original, incontournable.

A n'en pas douter,
le prince de Motordu
menait la belle vie.

Il habitait un chapeau magnifique
au-dessus duquel,
le dimanche,
flottaient des crapauds bleu blanc rouge
qu'on pouvait voir de loin.

MOTORDU

ENTREZ

Gallimard Jeunesse - 1980 - EAN 9782070564781

✳ une HISTOIRE à quatre VOIX 6+

Ⓐ ANTHONY BROWNE

Une même histoire, celle d'une rencontre entre deux enfants dans un parc, racontée, comme le titre l'indique, par les quatre personnages qui l'ont vécue. La structure

narrative n'est donc pas si évidente mais les jeunes lecteurs s'y retrouvent tout à fait car le style des images, du texte et même de la typographie varient à chaque récit. Ils reconstituent ainsi le fil d'une rencontre loin d'être aussi banale qu'elle en a l'air. Le lecteur peut passer un temps infini à observer tous les petits détails de l'image qui sont

parfois juste de petites blagues amusantes, mais qui peuvent aussi en dire beaucoup plus que le texte sur les personnages. À force de relectures, on comprend, en creux, toute la puissance des sentiments qui sont en jeu. Un album exceptionnel, à la lecture inépuisable.

Kaléidoscope - 1998 - * EAN 9782877672399

✳ Les chats volants 6+

Ⓐ URSULA K. LE GUIN Ⓘ SONIA SCHINDLER

Premier titre d'une petite série de romans illustrés qui oscille entre histoire tendre d'animaux et plongée dans le fantastique en nous racontant l'histoire d'une portée de chatons nés avec des ailes. Refusant de les voir grandir dans le quartier plein de dangers qui les accueillent, leur mère les incite à s'enfuir vers de nouveaux horizons. Au terme d'un voyage éprouvant, ils atterrissent dans une forêt qui recèle de nouvelles menaces, notamment pour de petits citadins inexpérimentés. Heureusement, des enfants sauront les trouver et les protéger. L'histoire est courte, bien rythmée, agrémentée de belles illustrations. Pour

ces raisons, mais aussi parce que l'histoire montre comment une portée de chaton va devoir littéralement « *voler de ses propres ailes* », ce livre et cette série sont particulièrement recommandés pour les enfants qui commencent à lire en autonomie !

Gallimard Jeunesse - Folio Cadet - 2005 - EAN 9782070511440

à PARTIR DE 6 ans

LOUP NOIR 6+

Ⓐ ANTOINE GUILLOPPÉ

Un album tout en images reposant sur les contrastes du noir et du blanc et qui joue sur les codes du cinéma pour créer un suspense remarquable. Il faut surtout aller au bout du livre, car une surprise de taille vous attend. Il se pourrait bien en effet que le loup noir de la couverture se transforme en bout de course en un salutaire chien blanc. Entre chien et loup, entre noir et blanc, ce livre se joue des faux semblants et offre aux enfants une lecture des plus stimulantes, et ce, sans le moindre texte. Les images sont à ce point somptueuses qu'on en oublie qu'elles sont en noir et blanc. Un album très réussi qui connaît un très grand succès auprès des enfants.

Casterman - 2004 - EAN 9782203553064

LE MONDE ENGLOUTI 6+

Ⓐ DAVID WIESNER

Un superbe album sans texte, comme une bande dessinée, qui entraîne le lecteur à la suite de l'aventure d'un enfant qui trouve sur la plage un vieil appareil photographique. La pellicule, qu'il fait développer, montre toutes sortes de scènes sous-marines extraordinaires. Mais sur la dernière photographie, on aperçoit un enfant, qui tient lui-même une photographie, qui tient lui-même, etc. On comprend donc que l'appareil passe de main en main, d'enfant en enfant, de rivage en rivage. À l'invitation de la dernière photographie, le jeune garçon se prend donc lui-même en photo avec cette dernière image, poursuivant une exceptionnelle mise en abyme. Entre images du quotidien, très réalistes, et plongées dans des mondes sous-marins fantastiques, les enfants suivent fascinés la découverte incroyable du héros. Par le maître américain du récit en images : David Wiesner.

Circonflexe - 2066 - EAN 9782878334005

✿ alice au pays des merveilles 6+
Ⓐ LEWIS CARROLL Ⓘ ROBERT SABUDA

Ce somptueux livre animé signé de l'un des maîtres du genre, Robert Sabuda, donne une version d'Alice tout à fait ludique. Un texte qui reste suivi est accompagné de tout un dispositif de rabats et d'animations qui s'inspirent du style classique de l'illustrateur original, John Tenniel, et se déplient de manière aussi inattendue que spectaculaire… Le déploiement des cartes dans le jardin est particulièrement impressionnant.

Seuil Jeunesse - 2004 - EAN 9782020678513

✿ allez raconte, une histoire 6+
Ⓐ LEWIS TRONDHEIM Ⓘ JOSÉ PARRONDO

Un alignement de cases, des personnages simplissimes stéréotypés pour une irrésistible mise en scène d'un père qui cède à la demande de ses enfants de leur raconter une histoire tout en essayant de garder un œil sur le match de foot. Mais les petits veillent au grain et pas question de leur ressortir n'importe quelle histoire !

Delcourt Jeunesse - 2003 - EAN 9782847891843

✿ GRignOTin et mentalo présentent… 6+
Ⓐ DELPHINE BOURNAY

Avec ses deux personnages récurrents, Delphine Bournay n'a pas son pareil pour raconter une histoire incroyablement vivante et drôle grâce, d'une part, à l'extraordinaire expressivité de ses personnages et, d'autre part à l'organisation de sa page entre petits dessins, textes situés dessous et paroles à la manière des bulles de BD. Jubilatoire.

L'École des Loisirs - Mouche 2009 - EAN 9782211094696

✿ L'île du monstril 6+
Ⓐ YVAN POMMAUX

Entre album et bande dessinée, deux enfants sont embarqués malgré eux dans une aventure trépidante. Le monstre guette, comme le titre le laisse présager, mais le courage et l'inventivité des jeunes héros sauront vaincre le plus terrifiant des dangers. Un récit haut en couleur, sur plusieurs niveaux puisque deux personnages observent et commentent les actions des héros. Un livre qui valorise la créativité et l'intelligence des enfants.

L'École des Loisirs - 2000 - * EAN 9782211059879

✿ Le pêcheur et l'oie 6+
Ⓐ ANNE BROUILLARD

Un album sans texte qui raconte l'histoire sensible d'une journée de pêche pas si ordinaire qu'elle en a l'air. Mais ce livre vaut surtout pour la série dans laquelle il s'insère et qui permet, au travers des autres titres, de voir l'envers du décor, de suivre les personnages entraperçus dans l'un d'eux. Le tout forme un ensemble, comme un puzzle à reconstituer : fascinant ! Les autres albums : Le Voyageur et les oiseaux, La Vieille Dame et les souris et La Famille Foulque.

Seuil Jeunesse - 2006 - EAN 9782020857574

✿ La grande adèle et son petit chat 6+
Ⓐ CATHARINA VALCKX

Un petit roman illustré où l'on retrouve tout le talent de l'auteur (qui réalise aussi les dessins) : des personnages originaux, un texte facile quoique recherché, de l'humour et une jolie histoire d'amitié. Celle de la Grande Adèle qui voudrait apprivoiser ce petit chat qui la boude. Cédant un temps aux conseils d'un charlatan, c'est la spontanéité et la franchise qui rapprocheront nos deux personnages.

L'École des Loisirs - Mouche - 2006 - EAN 9782211083157

✿ petit vampire va à l'école 6+
Ⓐ JOANN SFAR

Le premier titre d'une série BD du talentueux Joann Sfar pour les enfants qui lisent tout seuls. Petit Vampire vit dans une grande maison avec son incroyable famille mais il s'ennuie… jusqu'à sa rencontre avec Michel, un petit orphelin. De nombreuses aventures les attendent, au sein d'un univers burlesque rempli de monstres sympathiques. Un humour potache, mais beaucoup de tendresse.

Delcourt Jeunesse - 1999 - EAN 9782840554011

✿ TIGUIDA et La potion magique 6+
Ⓐ ATI

De l'enfance à l'état brut avec ses potions magiques aux pissenlits, ses robes de princesse synthétiques, ses cabanes déglinguées… Dans un paysage superbe, au beau milieu de nulle part, quatre enfants se rencontrent et deviennent complices de jeux et d'aventures imaginaires. Beau comme une journée de vacances.

Éditions Où sont les enfants - 2007 - EAN 9782915970081

Je cherche un livre pour un enfant...

à partir de 6 ans

✽ Angelman 6+

Ⓐ DIDIER LEVY
Ⓘ MATTHIEU ROUSSEL

Des images en 3D pour un album comme un film raconté. Une aventure ancrée dans le quotidien qui convoque robots, chercheurs fous et explorations spatio-temporelles.

Sarbacane - 2003 - EAN 9782848650176

✽ Chez elle ou chez elle 6+

ⒶⒾ BÉATRICE PONCELET

Un album saisissant qui donne à voir, comme à travers les yeux d'une enfant, les univers des personnes chez qui elle se trouve gardée. Un témoignage tout en sensibilité sur l'ouverture et la transmission.

Seuil Jeunesse - 1997 - EAN 9782020297936

✽ Georges Lebanc 6+

ⒶⒾ CLAUDE PONTI

L'autobiographie farfelue d'un banc (!) donne lieu à un vaste et long album inépuisable qui fourmille de jeux de mots et d'images mais qui se trouve aussi ponctué d'authentiques moments de poésie.

L'École des Loisirs - 2001 - EAN 9782211064880

✽ Honoré, le nez au vent 6+

ⒶⒾ IRIS DE MOÜY

Tranche de vie d'une année dans la vie d'Honoré, enfant sensible, poétique, attentif aux choses et qui n'a pour seul défaut que son goût immodéré pour le chocolat !

Naïve - 2007 - EAN 9782350211039

✽ L'été de Garmann 6+

ⒶⒾ STIAN HOLE

Le style des images, profondément original, accroche dès la couverture. La narration n'en est pas moins singulière mais l'histoire de cet enfant inquiet à la veille de la rentrée scolaire rencontre l'expérience vécue des enfants.

Albin Michel Jeunesse - 2008 - EAN 9782226183255

✽ L'os prodigieux 6+

ⒶⒾ WILLIAM STEIG

Cet os qui parle est bien saugrenu ! Il ajoute pourtant à l'intérêt et au charme suranné de cet album aux images romantiques et à la belle histoire d'amitié et de confiance en soi.

Kaléidoscope - (1978) 2000 - EAN 9782877670234

✽ La forêt des songes 6+

ⒶⒾ JIMMY LIAO

Un lapin géant vient chercher une petite fille pour une aventure rêvée. On croit entendre le souffle du vent, les feuilles des arbres s'agiter... Par un maître taïwanais du livre pour enfants.

Bayard Jeunesse - Albums Bayard Images - 2008
EAN 9782747026864

✽ La guerre 6+

ⒶⒾ ANAÏS VAUGELADE

Traité sur le mode du conte, le thème de la guerre est ainsi rendu dans toute son absurdité. Un album intelligent pour aborder une question importante.

L'École des Loisirs - 1998 - * EAN 9782211051385

✽ La souris de M. Grimaud 6+

Ⓐ FRANCK ASCH Ⓘ DEVIN ASCH

Une fable fine, rusée et surprenante soutenue par une illustration originale qui évoque les films noirs américains des années 1930. L'humour de la fourberie mêlée à l'extrême courtoisie des personnages ravit les enfants.

Albin Michel Jeunesse - 2004 - EAN 9782226150325

✽ Le jour où j'ai échangé mon père contre deux poissons rouges 6+

Ⓐ NEIL GAIMAN
Ⓘ DAVE MCKEAN

Proche de la BD mais aux images très travaillées, avec de nombreux collages, cet album moderne développe un humour redoutable au sein d'une forme très esthétique.

Delcourt Jeunesse - 2000 - EAN 9782840555575

✽ Le jour où papa a tué sa vieille tante 6+

ⒶⒾ HÉLÈNE RIFF

Ne pas se laisser abuser par le titre, cet album n'a rien de macabre, il plonge au contraire au cœur de la vie d'un enfant, de ses jeux, de ses bêtises, de ses angoisses et de sa sensibilité.

Albin Michel Jeunesse - 1997 - EAN 9782226152961

✽ Collection Les albums Dada 6+

L'univers de poètes et de chanteurs rendus par leurs propres textes au sein d'un environnement graphique original toujours de très grande qualité.

Mango Jeunesse

✽ Ma maison 6+

ⒶⒾ DELPHINE DURAND

Un album qui ne se raconte pas mais qui s'explore littéralement par les lecteurs débutants qui y retrouveront le dynamisme de la lecture multimédia : détails disséminés, petites blagues, coq à l'âne...

Éditions du Rouergue - 2002 - EAN 9782841562138

✽ On n'aime guère que la paix 6+

Ⓐ JEAN-MARIE HENRY / ALAIN SERRES
Ⓘ NATHALIE NOVI

Une anthologie de poèmes de Victor Hugo, Paul Éluard, Bertold Brecht... accompagnée de chaleureuses illustrations et de photographies de l'agence Magnum. Du bel ouvrage pour un thème qui touche tant les enfants.

Rue du Monde - 2003 - EAN 9782912084750

✽ Turlututu. C'est magique ! 6+

ⒶⒾ HERVÉ TULLET

Ir-ré-sis-ti-ble ! Turlututu le héros du livre nous fait devenir magicien. Pour de vrai ! Vous prononcez la formule magique et pfffff le livre se transforme à volonté.

Seuil Jeunesse - 2003 - EAN 9782020574303

✽ Un aigle dans le dos 6+

ⒶⒾ CHRISTIAN VOLTZ

Un savoureux album qui prend son lecteur au piège des stéréotypes. Jouant de l'alternance entre deux personnages dont on s'attend à ce que l'un d'eux soit victime, l'auteur fait monter le suspense pour mieux le désamorcer.

Éditions du Rouergue - 2001 - EAN 9782841563029

✽ Un lion à Paris 6+

ⒶⒾ BEATRICE ALEMAGNA

Un ample et somptueux album aux remarquables images pour suivre un lion qui découvre un Paris insolite et poétique.

Autrement Jeunesse - 2006 - EAN 9782746708167

PREMIÈRES LECTURES

Quelques collections particulièrement indiquées pour les lecteurs débutants qui ont besoin, entre album et roman, de textes lisibles pour soutenir et stimuler leurs efforts sur la voie de la lecture autonome.

❀ COLLECTION MOUCHE 6+

L'une des plus remarquables collections de premières lectures. Oscillant entre album, roman et BD, cette collection accueille des textes pour les lecteurs débutants qui se dirigent progressivement vers la lecture autonome. On peut y puiser (presque) les yeux fermés.

L'École des Loisirs

❀ COLLECTION PETIT POCHE 6+

Une collection de petits romans de poche, sans images, pour faire « comme les grands », et au texte étudié pour soutenir les débuts de la lecture. Les sujets et les thèmes sont parfois pour les enfants plus âgés mais cette collection suscite un bel intérêt de la part des jeunes lecteurs.

Thierry Magnier

❀ COLLECTION FOLIO CADET 6+

La collection Folio Cadet fait suite aux albums chez Gallimard Jeunesse. Elle propose un large choix de romans illustrés pour les 7-10 ans. Avec la collection « Folio Cadet Premières Lectures », des livres aux textes courts, très illustrés, sont adaptés aux lecteurs débutants.

Gallimard Jeunesse

❀ COLLECTION MINI SYROS 6+

Un petit format de poche, un texte lisible, quelques petites illustrations et une grande variété de récits dont le grand intérêt est de proposer des séries en fonction des genres : polars (Syros est pionnier en ce domaine) et contes. Pour les enfants qui lisent déjà tout seuls.

Syros

Quelques titres en premières lectures

❀ **C'EST MÊME PAS UN PERROQUET !** 6+
Ⓐ RAFIK SCHAMI Ⓘ WOLF ERLBRUCH
Actes Sud Junior - Romans Benjamin - 2007 (1996)
EAN 9782742768073

❀ **CHARIVARI CHEZ LES P'TITES POULES** 6+
Ⓐ CHRISTIAN JOLIBOIS Ⓘ CHRISTIAN HEINRICH
Pocket Jeunesse - Pocket Junior Grand Format - 2010
EAN 9782266204165

❀ **HÉLÈNE ET SON LION : DOUZE HISTOIRES DE CROCKETT JOHNSON** 6+
Ⓐ CROCKETT JOHNSON
Tourbillon - 2004 - EAN 9782848010991

❀ **JE CHERCHE LES CLÉS DU PARADIS** 6+
Ⓐ FLORENCE HIRSCH Ⓘ PHILIPPE DUMAS
L'École des Loisirs - Mouche - 2005 (1999)
EAN 9782211069436

❀ **JONI ET VATANEN. AVENTURES** 6+
Ⓐ ANNE CORTEY Ⓘ JANIK COAT
Albin Michel Jeunesse - 2010 - EAN 9782226192042

❀ **LA MÉTAMORPHOSE D'HELEN KELLER** 6+
Ⓐ MARGARET DAVIDSON Ⓘ GEORGES LEMOINE
Gallimard Jeunesse - Folio Cadet - 2003
EAN 9782070555970

❀ **LE GRAND LIVRE D'OLGA** 6+
Ⓐ GENEVIÈVE BRISAC Ⓘ MICHEL GAY
L'École des Loisirs - Mouche - 2008 (1991)
EAN 9782211089883

❀ **MYSTÈRE** 6+
Ⓐ MARIE-AUDE MURAIL Ⓘ SERGE BLOCH
Gallimard Jeunesse - Folio Cadet - 2002
EAN 9782070536645

ET AUSSI...

❀ **AMIS-AMIES** 6+
Ⓐ TOMI UNGERER
L'École des Loisirs - 2007 - EAN 9782211089531

❀ **C'EST GIORGIO** 6+
Ⓐ CORINNE LOVERA-VITALI Ⓘ LOREN CAPELLI
Éditions du Rouergue - 2008 - EAN 9782841569533

❀ **JOJO ET PACO** 6+
Ⓐ ISABELLE WILSDORF
Delcourt Jeunesse

❀ **LES LOUPS** 6+
Ⓐ EMILY GRAVETT
Kaléidoscope - 2005 - EAN 9782877674706

❀ **TOUT EST CALME** 6+
Ⓐ YVAN POMMAUX
L'École des Loisirs - Lutin Poche - (1999)
EAN 9782211061926

❀ **UN JOUR DE NEIGE** 6+
Ⓐ KAZUE FUJIWARA Ⓘ KOSHIRO HATA
Bayard Jeunesse - 2001 - EAN 9782747003537

REGARD CRITIQUE

Pas toujours facile d'aider un enfant en cours d'apprentissage de la lecture. Durant cette période, courte mais cruciale, il faut choisir finement ses lectures et surtout accompagner l'apprenti lecteur au plus près de ses envies. Il n'est pas rare alors de le voir revenir vers un album pour les tout-petits car, grâce à la simplicité du texte, il aura plaisir à le lire de manière autonome. Et passer dès le lendemain à un premier roman illustré ! Les bandes dessinées, contrairement aux idées reçues, accompagnent très favorablement l'enfant vers la lecture autonome grâce à l'articulation du texte et de l'image. **Durant cette période il tâtonnera beaucoup et puis, pffffttt, un beau jour, le voici lecteur !**

À FAIRE

Multiplier les propositions de lecture. C'est vraiment l'âge où il faut l'emmener très souvent en librairie, en bibliothèque et sur les salons du livre. **L'enfant doit avoir un large choix à sa portée pour se diriger vers le type de livres qui lui conviendra le mieux à ce moment de son apprentissage.**

HERVÉ TULLET

Créateur de livres pour enfants pleins de surprises et de couleurs, aussi ludiques qu'esthétiques, livres jeux ou livres de coloriages reposant sur la participation active du lecteur, Hervé Tullet nous ouvre les portes de sa bibliothèque, qu'il partage avec ses propres enfants.

ses auteurs

• TOMI UNGERER

Sûrement le premier nom que je voudrais citer, celui d'un immense créateur, sans cesse en évolution. Ses albums pour enfants, c'est l'esprit du conte placé de plain-pied dans son époque. Un auteur qui n'a pas pris les enfants pour des petits enfants. En somme : un géant qui parle aux bébés.

• MAURICE SENDAK

Incontournable. Moi qui suis peu attiré par les récits, je dois avouer que *Rosie*, est « mon » livre de Sendak. Il est d'une justesse incroyable, s'y trouve déjà tout ce qui suivra. Et j'adore le *Grand livre vert*. Ce rapport au conte, il y a des tas d'images mémorables, comme ces ongles qui se mettent à pousser. Je trouve ça fort, j'ai un plaisir fou à lire ça. Et bien sûr *Max et les maximonstres*, avec cette incroyable séquence muette où c'est à nous de produire des sons, de scander, de chanter…

• BRUNO MUNARI

Avec humilité, j'ai l'impression d'être dans la continuité de son travail. Pourtant, je suis parti dans cette direction sans le savoir, sans culture particulière des livres pour enfants. Aujourd'hui, j'ai le sentiment que mes livres se placent dans une évolution qui part des *Pré-livres*. Au-delà de Munari, il y a tous ces créateurs des années 1970, comme Enzo Mari, qui font des livres, des jeux pour enfants sans en être des spécialistes, et le font pourtant avec une liberté, une dynamique et une modernité inégalées… et bien sûr Leo Lionni, pour l'incontournable et inépuisable *Petit Bleu et Petit Jaune*.

• KOMAGATA

J'ai plusieurs de ses livres et je dois le citer car son travail a été une source d'inspiration. Notamment ses petits livres-cartes, les *Mini-books,* avec, par exemple, ce petit rond qui devient grand lorsqu'on tourne la page. C'est d'une simplicité remarquable qui touche à l'efficacité.

ses lectures

Prendre un livre d'images, par exemple de photographies, et se lancer : tenter la narration relier les images les unes aux autres et en général ça entraîne quelque part, car dans une suite d'images, il y a toujours des dedans, des dehors, des gens qui passent, et on se débrouil avec ça. La fragilité de la narration, dans ce contexte de lecture, aura toujours du succès parce qu'il y a une indulgence pour cette histo qui se construit sur un fil.

J'ai beaucoup regardé les livres sur Jérôme Bosch avec mes enfants : je les emmène en enfer, regarder les bonhommes brûler dans les chaudrons. Ici, pas besoin de raconter des histoires, les images sont là, horribles, effrayantes, affreuses. L'histoire, c'est celle d'Adam et Ève, du Paradis, de l'enfer, donc de la Bible.

ses livres

Il y a deux types de livres, ceux que j'ai achetés pour mes enfants et ceux que mes enfants m'ont montré. Dans la première catégorie, il y a les valeurs sûres, dont je sais qu'ils vont marcher, comme les Philippe Corentin, car c'est la crème du livre pour enfants, que ce soit pour la qualité du dessin ou pour l'humour. Dans la seconde, ce sont tous ceux que je pensais trop difficiles pour eux, et qu'ils sont allés finalement chercher d'eux-mêmes, ceux que ma fille a appelés : les « livres extraordinaires », comme *Un livre pour toi* de Květá Pacovská.

• TOUT UN MONDE
KATY COUPRIE ET ANTONIN LOUCHARD

Ce livre a été un choc : passer de livres avec autant de mots à celui-ci qui n'en a aucun. Il marque pour moi le début d'une forme de liberté dans le livre pour enfants. Et, ce qui est très important : il est ancré dans le quotidien. Il ne passe pas par un pseudo-univers enfantin pour émerveiller. Il y a dans ce livre l'énergie exceptionnelle de ce que l'on fait avec ce que l'on a sous la main.

Thierry Magnier - 1999

• HISTOIRE DE L'ART
PAUL COX

Un gros et beau livre, à la couverture toilée qui propose, contre toute attente, une véritable histoire pour enfants. Alors il faut prendre du temps pour la raconter. Mais c'est une narration formidable, avec une grande qualité de dessin.

Seuil Jeunesse - 1999

• PAPA SE MET EN QUATRE
HÉLÈNE RIFF

J'adore ce livre, que je place dans la continuité de *Rosie*, pour la grande justesse de contact avec le réel. Ce livre raconte une histoire avec des mots justes. Et en même temps, il a une forte qualité graphique, une « *modernité* » dans le traitement.

Albin Michel Jeunesse - 2004

• C'EST ÉCRIT LÀ-HAUT
CLAUDINE DESMARTEAU

Ses livres restent dans les chambres d'enfants, même quand les enfants grandissent. Un humour ravageur qui se retrouve vraiment bien dans le trait. Si j'osais, une sentence en forme de 4e de couverture : un humour décapant !

Seuil Jeunesse - 2000

• À TOI DE JOUER
CLAIRE DÉ

Un superbe livre d'activités, paradis des maîtresses, car les animations qui en découlent sont très évidentes. On en prend plein les yeux dans ce livre spectaculaire particulièrement impressionnant pour ses couleurs, ses matières. Et là encore, on revisite le quotidien en partant des objets trouvés dans la cuisine.

Éditions des Grandes Personnes - 2010

• MAMAN ! MAMAN ! J'AI MAL AU VENTRE !
REMY CHARLIP, BURTON SUPREE

Un petit livre absolument kitsh, dans ses formes, ses couleurs. Les ombres chinoises le rapprochent du théâtral. C'est cela : je suis le spectateur bienheureux de ce petit album.

Circonflexe - 2002

• GISÈLE DE VERRE
BEATRICE ALEMAGNA

Dans ce registre de la narration, il y a ce livre pour lequel, comme tous les livres de Beatrice Alemagna, j'ai une grande tendresse. Même si on est proche de l'illustration, les dessins existent en tant que tels. Je lis ce livre avec beaucoup de plaisir.

Autrement Jeunesse - 2002

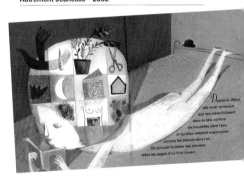

• MONSIEUR JARRY
SHINRO OHTAKE

Le dessin m'a totalement ébloui. J'aime ce livre d'un japonais qui rend un hommage appuyé à Jarry. Et j'aime le lire à voix haute : pour ses onomatopées, ses bruits et cette petite musique du texte.

Passage piétons - 2004

JE VOU-DRAIS un LIVRE POUR...

40

QUELQUES MOTS
SUR LES THÈMES
ET LES USAGES DU LIVRE

VOUS TROUVEREZ DANS LES PAGES QUI SUIVENT UNE SÉLECTION AFFINÉE EN FONCTION DE THÈMES OU DE SITUATIONS PARTICULIÈRES DE LECTURE.

La première fonction du livre est certainement d'aider l'enfant à grandir. Aussi, à quelques moments cruciaux de son développement, est-il important de soutenir ses efforts par des lectures qui vont l'accompagner et le conforter.

Un livre aidera d'autant plus l'enfant qu'il traitera son thème avec mesure, en recourant aux symboles, ou alors en développant des situations particulières positives, qui permettent à l'enfant de se préparer lorsqu'il rencontrera, pour lui-même, de telles situations.

Les enfants ne sont pas dupes, et les livres qui cherchent à toute force à leur dispenser un savoir ou à résoudre leurs problèmes de manière trop frontale éveillent souvent leur défiance. Combien de fois des libraires ou des bibliothécaires m'ont parlé d'enfants qui refusaient les ouvrages empruntés par leurs parents pour « traiter » un problème tandis qu'ils trouvaient, de leur côté, le livre qui leur apportait des réponses à leurs questionnements, mais de manière détournée, moins frontale que ne le faisaient des ouvrages plus explicitement ciblés.

Il vaut donc mieux se méfier des livres « solutions » ou « médicaments », et d'une manière générale, des livres qui oublient qu'ils sont d'abord là pour donner à rêver, à jouer, à s'étonner, à découvrir, à s'émouvoir…

Un livre peut bien sûr être utilisé dans un but précis (soutenir un apprentissage, répondre à des questions, aborder une situation délicate, aider le retour au calme au moment du coucher), mais il doit le faire avec talent et subtilité…

Plus que jamais, en ce domaine, on choisira des livres de qualité.

ABORDER LES GRANDES QUESTIONS

LES GRANDES QUESTIONS, CE SONT CES QUESTIONS SI DIFFICILES À POSER, QU'ELLES ARRIVENT À L'IMPROVISTE, QUAND L'ENFANT A TROP ATTENDU OU QU'IL N'A PAS VOULU ATTENDRE. Ce sont ces questions qui nous surprennent au détour d'un petit déjeuner ou d'une course en voiture. Alors, on répond, là, sur-le-champ, comme on peut, avec nos mots, nos convictions. Mais on sait qu'elles sont le signal d'un immense besoin de réconfort face à la complexité du monde et, parfois, à la difficulté d'accepter la vie telle qu'elle se présente. Et puis, des fois, il n'y a pas de question. Alors, avec des ouvrages sensibles, on peut commencer à poser les choses, très tranquillement, sans brusquer. Ces livres, parce qu'ils touchent à des problématiques profondes, la mort, la naissance, le sens de la vie, requièrent beaucoup d'intelligence et de subtilité, c'est dans cette exigence que cette sélection a été élaborée.

*L'ARBRE SANS FIN 4+

🅐 CLAUDE PONTI

Hipollène serre la main de son papa. C'est comme si elle était dans ses bras. Grand-Mère est bizarre. Elle est là, et il n'y a plus personne dedans.

Grand-Mère est portée dans son berceau de voyage sur la branche d'été, jusqu'au bord de la nuit. Son nom de vie était : Orée-D'Otone-La-Tisseuse-De-Contes.

Un album fort comme un conte, dense comme un roman, essentiel comme la vie. On y suit, dans un univers végétal qui n'est pas sans rappeler le dessin des illustrateurs du XIXᵉ siècle, le parcours initiatique de la petite Hipollène, toute de rouge vêtue, dont la mort de la grand-mère marque le début d'une aventure fantastique au cœur de ses origines et de son identité. D'abord effrayée par le monstre « Ortic » qui évoque par son nom et son apparence la plante piquante, elle triomphera de lui par la force

de sa confiance en soi acquise grâce aux différentes étapes qu'elle franchira avec succès. Ainsi, elle découvrira le monde qui l'entoure, de l'intérieur puis de l'extérieur, retrouvera le fil de ses origines, et fera de nombreuses découvertes sur elle-même. Au mons-

tre qui la menace encore et affirme qu'il n'a pas peur d'elle, Hipollène répond ainsi tranquillement : « *Moi non plus je n'ai pas peur de moi.* » Voici la clé d'un livre que l'on n'est jamais trop grand pour lire et relire. Un livre essentiel, à plusieurs niveaux, chargé de références et de symboles, que chaque enfant devrait posséder, pour se rassurer chaque fois que la vie oblige à se surpasser pour grandir. Un livre qui, dans la profondeur et la densité de ses mots et de ses images mêlés, offre des réponses assurées et bienveillantes à toutes les questions existentielles.

L'École des Loisirs - 1992 - * EAN 9782211061568

✳ JOJO La MacHe 🔲
Ⓐ OLIVIER DOUZOU

Un texte joyeux et chantant nous invite à faire la connaissance de Jojo la mache. L'oralité, les jeux de langage, l'esprit d'enfance, sont ici convoqués pour nous conter une fable champêtre, celle d'une vache qui disparaît de son pré, élément par élément, lesquels se reconfigurent dans le ciel nocturne. La force graphique des dessins, qui constituent en fait le récit central de cet album, mettent en scène une belle et puissante métaphore de la disparition.

Éditions du Rouergue - 1993 - EAN 9782905209665

✳ COmment on FaiT LeS BéBéS ! 🔲
Ⓐ BABETTE COLE

Parce que c'est LA question qu'il ne faut pas éluder, mais qui nous met terriblement mal à l'aise, cet ouvrage, qui opte délibérément pour un humour débridé, permettra à chacun de comprendre le grand pourquoi de la vie, surtout quand ce sont les enfants qui prennent la parole et donnent des explications sans détour !

Seuil Jeunesse - 1993 - EAN 9782020203326

✳ L'aRBRe GénéReUx 🔲
Ⓐ SHEL SILVERSTEIN

Le récit d'une vie, du point de vue de l'arbre qui accompagne l'homme. Une fable philosophique d'ampleur universelle, pour dire l'importance de l'attention aux autres, la vacuité de la propriété et l'importance fondamentale de la générosité pour se construire. Un dialogue ciselé, des dessins dépouillés, ni plus ni moins qu'une leçon sur le sens de la vie à la portée de tous.

L'École des Loisirs - (1964) - EAN 9782211094153

✳ La TeRRe TOURNe 🔲
Ⓐ ANNE BROUILLARD

Un texte poétique qui file un même motif, celui énoncé par le titre. Les images donnent à voir une randonnée de personnages, les images d'une même porte qui anticipe leur but et de multiples petites vignettes pour dire la beauté des paysages. Voici un album multiple, très riche, pour dire, magnifiquement, le cycle de la vie.

Sorbier - 2009 (1997) - EAN 9782732039442

✳ MOI J'aTTenDS 🔲
Ⓐ DAVIDE CALI Ⓘ SERGE BLOCH

Un album vraiment pour tous, à partager entre petits et grands. On suit littéralement le fil rouge de la vie d'un être humain, qui nous fait naviguer entre des textes simples, dépouillés, et des images minimalistes mais vibrantes. Chacun sort très ému de cette lecture.

Sarbacane - 2005 - EAN 9782848650647

✳ L'OURS eT Le cHaT saUVaGe 🔲
Ⓐ KAZUMI YUMOTO Ⓘ KOMAKO SAKAÏ

Ours a perdu son meilleur ami, l'oiseau. Après la révolte, le chagrin, la solitude, il peut enfin accepter, grâce à la rencontre avec un chat musicien, de vivre de nouvelles aventures, accompagné de ses souvenirs. Un album qui aborde de front la question de la mort et du deuil, avec finesse et poésie.

L'École des Loisirs - 2009 - * EAN 9782211095181

✳ POcHée 🔲
Ⓐ FLORENCE SEYVOS Ⓘ CLAUDE PONTI

Après la mort de son ami, Pochée a bien du mal reconstruire sa vie. Elle se pose toutes les questions essentielles de ceux qui sont marqués par la mort d'un être cher. Un récit fort, tout en finesse, en sensibilité, qui prend des airs de conte universel grâce aux images de Claude Ponti. Un petit livre profondément original qui ne laissera personne indifférent.

L'École des Loisirs - Mouche - 1997 - EAN 9782211044387

✳ RéFLeXIONS D'UNe GRenoUILLe 🔲
Ⓐ KAZUO IWAMURA

Une petite grenouille qui réfléchit, pense le monde, et se pose énormément de questions. Parfois il y a des réponses, parfois non. Mais elle vit en conscience, tout simplement, comme ses lecteurs. Un album BD à la mise en pages classique mais à l'expressivité d'un manga.

Autrement Jeunesse - 2001 - EAN 9782746700727

JE VOUDRAIS UN LIVRE POUR...

ABORDER LES GRANDES QUESTIONS

* ET APRÈS, IL Y AURA... 0+

Ⓐ JEANNE ASHBÉ

Nul doute que les tout-petits seront préparés à la venue d'un dernier grâce à cet album tendre et intelligent.

Pastel - 2000 - EAN 9782211058957

* TOUS PAREILS! PETITES PENSÉES DE SAGESSE CARIBOU 0+

Ⓐ ÉDOUARD MANCEAU

Une petite leçon de sagesse simplissime mais redoutable d'efficacité. Avec une grande économie de moyen, ce livre remet en place bien des évidences tout en maintenant ouvertes les interrogations.

Milan Jeunesse - 2008 - EAN 9782745933300

* AU REVOIR BLAIREAU 2+

Ⓐ SUSAN VARLEY

Un classique, qui choisit de centrer son propos sur l'évocation et le souvenir du disparu afin de sublimer sa disparition par la force de sa généreuse transmission.

Gallimard Jeunesse - 1984 - * EAN 9782070561995

* DU TEMPS 2+

Ⓐ SARA

Tout en images, très graphique, cet album dit la tristesse de la perte d'un animal et le temps, c'est bien le sujet, qu'il nous faut pour nous relever et poursuivre notre chemin de vie.

Thierry Magnier - 2004 - EAN 9782844203182

* LE PETIT BOUT MANQUANT 2+

Ⓐ SHEL SILVERSTEIN

Un récit aux textes et aux images minimalistes pour dire que l'intérêt n'est pas dans l'objet de la quête mais dans le cheminement. Une leçon de sagesse, aussi efficace que poétique.

MeMo - Classiques étrangers pour tous - 2005 (1976)
EAN 9782910391683

* LE TOUT PETIT INVITÉ 2+

Ⓐ HÉLÈNE RIFF

L'arrivée poétisée, théâtralisée, sublimée, du dernier-né, le tout-petit, dans une famille nombreuse. Un bel objet en accordéon, qui respire et vit comme un cœur qui bat.

Albin Michel Jeunesse - 2005 - EAN 9782226168382

* QUI A TUÉ ROUGE-GORGE? 2+

Ⓐ ÉTIENNE DELESSERT

Un album qui évoque la mort et tous ses rites, au son lancinant de la comptine. Cette litanie poétique, enrichie de l'univers visuel d'un grand illustrateur, est une manière d'aborder la mort avec les tout-petits.

Gallimard Jeunesse - 2004 - EAN 9782070569823

* AVANT AVANT 2+

Ⓐ KÉTHÉVANE DAVRICHEWY
Ⓘ GWEN LE GAC

Une réponse sensible et douce, jusque dans le graphisme et la matérialité du livre, à la grande question : « C'était comment avant que je sois né ? »

Actes Sud Junior - 2009 - EAN 9782742781994

* MON CHIEN ET MOI 2+

Ⓐ KEITA YAMADA
Ⓘ CHIHARU SAKAZAKI

Le chien de cette petite fille a grandi et vécu plus vite qu'elle. Parole est alors donnée à l'animal qui rappelle la grandeur de leur amitié et remercie la petite fille pour toute la tendresse donnée.

Autrement Jeunesse - 2009 - EAN 9782746712935

* HIROSHI CREUSE UN TROU 4+

Ⓐ SHUNTARÔ TANIKAWA
Ⓘ MAKOTO WADA

Hiroshi creuse un trou sans but précis, l'occasion pour lui de dialoguer avec les autres et de s'interroger, mine de rien, sur le sens de la vie. Pour grandir, on a besoin de la confiance des autres.

Picquier Jeunesse - 2005 - EAN 9782877308106

* IL FAUDRA 4+

Ⓐ THIERRY LENAIN
Ⓘ OLIVIER TALLEC

Avant sa venue au monde, l'enfant fait le constat de celui-ci et n'élude aucun problème. Une approche très sensible.

Sarbacane - 2004 - EAN 9782848650388

* LES QUESTIONS DE CÉLESTINE 4+

Ⓐ GABRIELLE VINCENT

Un album poignant où Ernest révèle à Célestine qu'elle est une enfant abandonnée. La pudeur, la douceur et le talent de Gabrielle Vincent donnent à cette histoire une portée universelle.

Casterman - Les Albums Duculot - 2005
EAN 9782203525221

* MOI ET RIEN 4+

Ⓐ KITTY CROWTHER

Une enfant seule face au deuil de sa mère s'invente un personnage imaginaire qui l'aidera, chemin faisant, à reconquérir l'affection de son père et son goût pour la vie. Un album original, tout en sensibilité.

Pastel - 2000 - EAN 9782211058483

* NOS PETITS ENTERREMENTS 4+

Ⓐ ULF NILSSON
Ⓘ EVA ERIKSSON

La question de la mort du point de vue de l'enfant qui l'intègre à ses jeux et ses activités. Un livre qui permet d'aborder ce sujet sans pathos, avec un remarquable esprit d'enfance.

Pastel - 2006 - EAN 9782211083492

* PREMIÈRE ANNÉE SUR LA TERRE 4+

Ⓐ ALAIN SERRES
Ⓘ ZAÜ

Par le texte : la naissance et la première année de vie d'un renardeau. Par les images : une belle découverte du monde grâce à de somptueux paysages marquant l'empreinte du temps.

Rue du Monde - 2003 - EAN 9782912084842

* LE CYGNE ARGENTÉ 6+

Ⓐ MICHAEL MORPURGO
Ⓘ CHRISTIAN BIRMINGHAM

La poignante fascination d'un enfant pour une femelle cygne. Une histoire qui déroule avec beaucoup de sensibilité le cours de la vie qui tire son sens de la mort.

Kaléidoscope - 2000 - EAN 9782877673204

46

COLLECTIONS PHILOSOPHIE

✳ COLLECTION PETITS PHILOZENFANTS 4+

Ⓐ OSCAR BRENIFIER
Ⓘ DELPHINE DURAND

Pourquoi j'existe, pourquoi tu m'aimes, pourquoi je ne peux pas faire tout ce que je veux ? Cette collection souhaite aider les parents à répondre aux questions en proposant des contes-randonnées qui permettent de relancer le questionnement par des questions et des expériences. Des illustrations malicieuses de Delphine Durand.

Nathan Jeunesse

✳ COLLECTION DIS-MOI FILO 6+

Ⓐ BRIGITTE LABBÉ - MICHEL PUECH
Ⓘ ÉRIC GASTE

Une collection qui relève le défi de s'attaquer aux questions qui poussent généralement les parents dans leurs derniers retranchements. Un événement qui oppose l'enfant à ses parents sert de base à un début de discussion, approfondi le soir avec l'oiseau Filo qui loin d'orienter la réflexion, relance les questions et pose des jalons.

Milan Jeunesse

POUR REBONDIR

✳ LE LOUP ROUGE

Ⓐ FRIEDRICH KARL WAECHTER

Un chien adopté par les loups raconte son existence. La dureté de l'histoire est adoucie par la chaleur des aquarelles. Pour les grands : un récit fort, à l'étonnante narration en contrepoint des images.

L'École des Loisirs - 1998 - * EAN 9782211051446

à VOIR en BIBLIOTHÈQUE

✳ ERNEST 2+

Ⓐ CÉCILE GEIGER

À la manière d'un livre à compter par ordre décroissant, un superbe album sur le thème de la disparition. La beauté picturale des images donne une tonalité profonde et encourage les interprétations. Malheureusement indisponible.

Sarbacane - 2003 - EAN 9782848650060

✳ LA GRANDE QUESTION 4+

Ⓐ WOLF ERLBRUCH

À la « grande » question : « Pourquoi suis-je sur Terre ? », cet album offre une palette de réponses, de celle du chat à celle du boxeur. L'enfant lecteur y fera son propre parcours. Un album emblématique des regrettées éditions Être.

Éditions Être - 2003 - EAN 9782844070357

ET AUSSI...

✳ BONJOUR! 2+
Ⓐ NOZOMI ISHIKAWA
Actes Sud Junior - 2007 - EAN 9782742766871

✳ MOI, PAPA OURS ? 2+
Ⓐ WOLF ERLBRUCH
Milan Jeunesse - (1993) - EAN 9782745931627

✳ LA DÉCOUVERTE DE PETIT-BOND 2+
Ⓐ MAX VELTHUIJS
Pastel - 1991 - * EAN 9782211021821

✳ BIEN AVANT TOI 2+
Ⓐ RASCAL Ⓘ MANDANA SADAT
Didier Jeunesse - 2010 - EAN 9782278059706

✳ LA CARESSE DU PAPILLON 4+
Ⓐ CHRISTIAN VOLTZ
Éditions du Rouergue - 2005 - EAN 9782841566839

✳ LE LIVRE DES PETITS POURQUOI
Ⓐ GHISLAINE ROMAN Ⓘ TOM SCHAMP
Milan Jeunesse - 2006 - EAN 9782745919878

✳ LA PREMIÈRE FOIS QUE JE SUIS NÉE 6+
Ⓐ VINCENT CUVELLIER Ⓘ CHARLES DUTERTRE
Gallimard Jeunesse - Hors Série Giboulées - 2006
EAN 9782070576449

REGARD CRITIQUE

Lorsqu'il s'agit de sujets aussi importants, intimes et délicats que la mort ou la conception, attention à ce que l'on choisit de lire et à quel moment. Il faut être très attentif à leurs réactions au moment de la lecture. Si vous sentez l'enfant gêné, s'il s'éloigne du livre, peut-être ne faut-il pas insister. Certainement cette question arrive-t-elle trop tôt, ou ce n'est pas de cette manière que l'enfant souhaiterait l'aborder. Dès lors, on pourra privilégier pour une prochaine fois des ouvrages qui traitent de cette question de manière plus symbolique. Parfois aussi, l'enfant accepte la lecture mais ne souhaite pas relire le livre. Là encore, il faut bien respecter sa position. Méfiez-vous des ouvrages explicitement pédagogiques ou psychologiques, car il faut souvent davantage un réel talent d'écriture pour aborder ces sujets que de strictes compétences didactiques.

à FAIRE

Sur ces sujets, il est aussi important de laisser l'enfant se diriger seul vers les livres qui l'intéressent. **Aussi, prendre le temps, en bibliothèque, de le laisser choisir seul ses livres, même si ses choix vous déconcertent.** Vous pouvez aussi voir avec les bibliothécaires pour lui proposer une sélection sur un sujet, s'il est demandeur.

⤳ aider à apprendre

L'ÉDUCATION, EN DEHORS DE L'ÉCOLE, NE DOIT PAS ÊTRE UNE RÉPÉTITION DE CE QUI SE PASSE AU SEIN DE L'INSTITUTION SCOLAIRE, MAIS UN TRAVAIL ACTIF SUR LA CURIOSITÉ, L'ENVIE, LE DÉVELOPPEMENT DE LA SENSIBILITÉ ET DE L'INTELLIGENCE. Non pas que ce travail soit secondaire, bien au contraire, il est le fondement même du sens mis dans les apprentissages. Ici, donc, pas de manuel ni de cahier de révision, mais des livres qui aideront bien plus sûrement l'enfant en suscitant son envie d'apprendre. Une attention particulière a été portée aux livres des premiers apprentissages, dès lors qu'ils convoquent originalité et qualité. Et n'oublions pas que les livres documentaires participent, en plus de l'information personnelle, à la construction et au développement de l'imaginaire, voire de la sensibilité esthétique et émotionnelle.

Les arbres et les fleurs

✳ PRESQUE TOUT 2+

Ⓐ LAURA JAFFÉ
Ⓘ JOËLLE JOLIVET

L e summum de l'imagier : des planches remplies de maisons, de voitures, de personnages historiques, de fleurs ou de légumes légendés... Et pourtant, cet album constitue bien plus qu'un imagier. En rassemblant ici dans son beau et grand format (je préfère celui-ci au petit format cartonné) tout ou presque tout, c'est le monde que ce livre place à portée de main. Sur le plan graphique, la force du trait et des couleurs (linogravure), la précision et la concision des légendes, l'organisation raisonnée des planches, composent un ouvrage de belle facture pour éveiller la curiosité et encourager les apprentissages dynamiques. On peut commencer sa lecture au plus jeune âge et la poursuivre très longtemps tant la variété des représentations et la précision des légendes permettent de nourrir ses connaissances

aussi bien en matière de botanique, de musique, d'histoire, d'architecture ou de mécanique ! Sans compter les multiples jeux qui peuvent être spontanément menés lors de l'exploration des pages (on peut par exemple improviser de petits défis : *« Et toi, montre-moi ton instrument de musique préféré »*, *« Quelle fleur voudrais-tu sentir ? »*, *« Dans quelle maison voudrais-tu dormir ce soir ? »*, etc.) Un ouvrage qui accompagne durablement l'enfant dans sa découverte du monde.

Seuil Jeunesse - 2004 - * EAN 9782020582520

✳ COLLECTION MES PETITS IMAGIERS SONORES `0+`
ⓐ MARION BILLET

Tout simples d'utilisation (6 images correspondent à 6 mots et 6 sons) ces imagiers d'un genre nouveau permettent d'associer une image non plus au seul mot mais également au son. Lequel est très bien rendu, proche d'un effet naturel. L'ensemble est aussi plaisant qu'efficace et fait fureur chez les tout-petits.

Gallimard Jeunesse

✳ COULEURS-COLOURS `0+`
ⓐ MALGORZATA GUROWSKA

Imagier bilingue français - anglais aussi élégant qu'intelligent.
Le superbe papier, épais, qui évoque le papier à dessin accueille, au travers de découpes, des formes douces très stylisées, emplies de lumineuses couleurs, aux teintes délicates. L'enfant est ainsi invité à deviner, de page en page, les représentations qui se cachent sous les fenêtres. Du très bel ouvrage.

MeMo - 2008 - EAN 9782352890331

✳ LA MAISON D'HONORÉ `0+`
ⓐ IRIS DE MOÜY

Page de gauche, c'est un imagier sensible, aux planches chargées de minuscules objets alignés, délicatement crayonnés. Page de droite, c'est un livre jeu avec des personnages en situation au sein d'une maison pleine de petites surprises fantaisistes disséminées avec un bel esprit de jeu dans l'espace de la page. Pour apprendre en s'amusant, donc.

Naïve - 2008 - EAN 9782350211435

✳ FAUT PAS CONFONDRE `0+`
ⓐ HERVÉ TULLET

Un livre sur les contraires, reposant sur le principe de pages en découpes qui laisse apparaître l'image opposée par un trou. Des illustrations lisibles et dynamiques, pour un livre hautement ludique.

Seuil Jeunesse - 1998 - EAN 9782020333740

✳ UN, CINQ, BEAUCOUP `2+`
ⓐ KVĚTÁ PACOVSKÁ

Réédition salutaire du sompteux album de la grande artiste tchèque Kvĕtà Pacovskà paru en 1990. Tout autant livre artistique que livre à compter, il offre une initiation originale à la magie des chiffres, invitant les lecteurs à se lancer sur leurs traces, à tourner, soulever, regarder, pour, finalement, ne pas s'en laisser compter ! Un livre unique.

Minedition - 2010 (1991) - EAN 9782354130879

✳ JEUX D'ENFANTS. A COMME ALPHABET ; LE GOÛT DES CHIFFRES ; TOUT EN COULEUR `4+`
ⓐ ÉTIENNE DELESSERT

Trois livres en un pour apprendre aussi bien l'alphabet, les chiffres, que les couleurs. Les personnages et les situations se répondent d'un chapitre à l'autre, assurant ainsi une belle continuité par le biais des gourmandises. L'ensemble est très joyeux, dynamique, conduit de main de maître par l'illustrateur.

Gallimard Jeunesse - 2005 - EAN 9782070570232

✳ L'IMAGIER DES GENS `4+`
ⓐ BLEXBOLEX

Le grain des images, leurs formes et couleurs remarquables combinées au choix sensible des termes et des représentations font de cet imagier hors normes, le premier dictionnaire de la vie, à portée quasi philosophique.

Albin Michel Jeunesse - 2009 - EAN 9782226192189

✳ LA MAISON `6+`
ⓐ ROBERTO INNOCENTI ⓘ J. PATRICK LEWIS

L'histoire du XXᵉ siècle, à travers les évolutions d'une maison. Chaque page montre la même maison. Des dates marquent les repères, un texte court, limpide, séquence les chapitres. Les illustrations du grand Roberto Innocenti sont tout à la fois précises, documentées, et chargées en émotion. Un bel album à partager.

Gallimard Jeunesse - 2010 - EAN 9782070629312

aider à apprendre

✳ Dedans 0+

Ⓐ FANI MARCEAU
Ⓘ EMMANUELLE
HOUDART

À un domaine de sensations (la douceur, le bruit, la lumière) correspond un éventail de mots et d'images, magnifiquement réalisés par une illustratrice au style si envoûtant.

Thierry Magnier - 2006 - EAN 9782844204783

✳ Vieil ours 0+

Ⓐ KEVIN HENKES

Le rêve d'un vieil ours est l'occasion de faire défiler les saisons. Un texte et une mise en pages efficaces pour des images somptueuses.

Kaléidoscope - 2010 - EAN 9782877676601

✳ Des ronds, des carrés 0+

Ⓐ JILL HARTLEY

Inspiré du travail de Tana Hoban, ce petit livre cartonné de photographies sait se distinguer par son atmosphère fraîche, joyeuse, lumineuse. Les figurants sont plus réels que nature et représentent bien la diversité de la vie.

Didier Jeunesse - 2009 - EAN 9782278054791

✳ Des milliards d'étoiles 0+

Ⓐ ANTONIN LOUCHARD
Ⓘ KATY COUPRIE

Un pictogramme encadré dans le bas de la page permet de comprendre qu'on peut compter. Mais on peut aussi se borner à regarder ces petites, mais bien jolies images qui se remplissent, se remplissent.

Thierry Magnier - Tête de Lard - 1998 - EAN 9782844200125

✳ Les contraires 0+

Ⓐ FRANCESCO PITTAU
Ⓘ BERNADETTE GERVAIS

L'éventail de tous les contraires possibles avec la seule participation d'un éléphant. Drôle, inventif et, finalement, fort malin. Voir la double-page opposant les notions : « bête » et « intelligent ».

Seuil Jeunesse - 1999 - EAN 9782020332804

✳ Quel chantier ! 2+

Ⓐ FRANÇOIS DELEBECQUE

Sous des silhouettes en ombres chinoises, une photo en couleurs de l'engin, accompagnée d'un court texte présente très simplement sa fonction. Une présentation dynamique très attractive.

Seuil Jeunesse - 2003 - EAN 9782020530457

✳ Mini maxi, le livre des contraires 2+

Ⓐ DIDIER CORNILLE

Un petit livre comme un carnet, aux représentations délicates, sobrement colorées, très stylisées, pleines de fraîcheur et d'humour. À voir aussi du même auteur : Bon voyage.

Hélium - 2009 - EAN 9782358510080

✳ La nuit devient jour 2+

Ⓐ RICHARD McGUIRE

De fil en aiguille, à un rythme soutenu par le remarquable jeu graphique des formes et des couleurs, une première invitation à comprendre la grande marche du monde.

Albin Michel Jeunesse - 2010 - EAN 9782226195395

✳ Little Tree/Petit arbre 2+

Ⓐ KATSUMI KOMAGATA

Un livre trilingue anglais/ japonais/français, délicat et poétique, découpage de beaux papiers colorés pour dire la force esthétique de l'arbre et la puissance du cycle de la vie. Somptueux.

Les Trois ourses - 2009 - EAN 9782951863996

✳ 10 petits pingouins 2+

Ⓐ JEAN-LUC FROMENTAL
Ⓘ JOËLLE JOLIVET

Un livre à compter aux petits tableaux animés. Un subtil jeu de rime, de vocabulaire, de couleur et bien sûr d'animation rend l'ensemble aussi plaisant qu'efficace.

Hélium - 2010 - EAN 9782358510165

✳ Livre de lettres 3+

Ⓐ MARION BATAILLE

Un abécédaire aux allures Pop Art. Couleurs vives et originales posées en des contrastes audacieux, mise en pages structurée, notions inhabituelles, la découverte des lettres s'épanouit en un contexte bien original.

Thierry Magnier - 1999 - EAN 9782844200365

✳ J'ai grandi ici 4+

Ⓐ ANNE CRAUSAZ

Un récit sur le cycle de la vie, mis en scène à travers le point de vue d'une petite graine chahutée par le temps et les saisons, les animaux... Un récit et des illustrations qui apprennent sans en avoir l'air.

MeMo - 2008 - EAN 9782910391249

✳ La pomme et le papillon 4+

Ⓐ IELA et ENZO MARI

De la fleur au fruit, du ver au papillon, le cycle de la vie végétale et animale magnifiquement mis en images, sans un mot. Un superbe travail formel au fort pouvoir émotionnel.

L'École des Loisirs - 1970 - EAN 9782211011204

✳ Le grand livre de l'école 4+

Ⓐ RICHARD SCARRY

L'univers de Richard Scarry (jeux, fourmillements, sens du détail et du gag), a cette fois-ci rendez-vous avec l'école. Pour apprendre dans un contexte joyeux et dynamique. Voir aussi Le Grand livre à compter de 1 à 100.

Albin Michel Jeunesse - 2009 - EAN 978226191908

✳ Collection Les sciences naturelles de Tatsu Nagata 4+

Ⓐ TATSU NAGATA

Petite série documentaire élaborée par le facétieux Thierry Dedieu. Des textes portent les informations scientifiques, tandis que les images offrent la distraction et l'humour. Aussi sérieux qu'amusant, donc.

Seuil Jeunesse

✳ Petit Prince Pouf 4+

Ⓐ AGNÈS DESARTHE
Ⓘ CLAUDE PONTI

Les enfants n'apprendront rien de plus, dans ce petit livre que « un et un font deux » et que « un chat est un chat ». Et pourtant, c'est bien une leçon de vie et de sagesse des plus profondes qu'ils recevront à sa lecture.

L'École des Loisirs - 2002 - EAN 9782211066853

✳ L'herbier 6+

Ⓐ ÉMILIE VAST

Tout à la fois petit traité de botanique et livre d'images d'une superbe facture, cet herbier associe l'arbre à ses feuilles, fleurs et fruits. La pureté des formes et des couleurs est fascinante.

MeMo - 2009 - EAN 9782352890614

COLLECTIONS DOCUMENTAIRES

✳ COLLECTION KIDIDOC 4+

Les éditions Nathan parient sur le ludique pour intéresser les enfants aux grands sujets documentaires. En faisant appel à des illustrateurs qui réalisent des images très lisibles, en multipliant les rabats, volets et animations et en multipliant les niveaux de texte, ces documentaires se présentent comme des livres riches en informations à explorer littéralement.

Nathan Jeunesse

✳ COLLECTION mangorama 4+

Une collection qui sollicite le sens ludique des enfants en proposant une ouverture par le centre, qui donne deux livrets : un pour une histoire, l'autre pour le détail informatif.

Mango Jeunesse

✳ COLLECTION mes PREMIÈRES DÉCOUVERTES 2-6+

Une collection documentaire incontournable qui s'est immédiatement distinguée par sa richesse iconographique, sa qualité de fabrication, son utilisation originale des pages transparentes et sa grande préoccupation pédagogique. Elle se décline aujourd'hui pour les tout-petits (« Mes toutes premières découvertes ») et pour les plus grands (« Mes découvertes »). Le meilleur du livre documentaire.

Gallimard Jeunesse

✳ COLLECTION YOUPI 4+

Chaque titre de cette collection présente à chaque double-page deux niveaux de lecture : l'un propose une grande image avec quelques mots d'explication, l'autre explore plus en détail la question une fois les rabats ouverts.

Bayard Jeunesse

à VOIR en BIBLIOTHÈQUE

✳ exactement le contraire 2+

 Ⓐ TANA HOBAN

Par un jeu de photographies mises en relation, l'artiste interroge la notion de contraires, entre évidence formelle (pour les plus jeunes lecteurs) et réflexion symbolique (pour les plus grands). Les images sollicitent aussi bien l'intelligence que l'affect du lecteur et lui propose une lecture du monde basée sur une interrogation permanente.

Kaléidoscope

et aussi...

✳ imagier RONRON 0+
Ⓐ DELPHINE PERRET
Thierry Magnier - 2008 - EAN 9782844206718

✳ saisons 0+
Ⓐ BLEXBOLEX
Albin Michel Jeunesse - 2009 - EAN 9782226192189

✳ dessine-moi un trait 0+
Ⓐ FRANCESCO PITTAU Ⓘ BERNADETTE GERVAIS
Seuil Jeunesse - 2004 - EAN 9782020620307

✳ donner corps 0+
Ⓐ CÉCILE DENIS
Éditions du Rouergue - Yapasphoto - 2009
EAN 9782812600883

✳ cache-cache 0+
Ⓐ MONSIEUROFF
L'Atelier du poisson soluble - 2010 - EAN 9782358710060

✳ petit bout de bois 2+
Ⓐ BRUNO HEITZ
Thierry Magnier - Tête de Lard - 2007 - EAN 9782844205582

✳ un train passe 2+
Ⓐ DONALD CREWS
Il était deux fois - (1978) - EAN 9782917326091

✳ où est la lune? 4+
Ⓐ CHANG-HOON JUNG Ⓘ HO JANG
Picquier Jeunesse -2009 - EAN 9782809701364

REGARD CRITIQUE

De moins en moins souvent l'ouvrage didactique s'affiche comme tel. Plus que de transmettre des connaissances, il éveille la curiosité, l'esprit de recherche et parfois simplement la rêverie. **La frontière entre le livre documentaire et le livre de fiction tend à s'effacer** et il faut reconnaître que, souvent, ces ouvrages apportent, de part le point de vue du narrateur, une vision réaliste et riche de sens, tandis que les images privilégient une grande ouverture sur l'imaginaire. De plus, une tendance récente consiste à la publication d'ouvrages de premiers apprentissages très proches du livre d'art. Ces croisements entre les genres, s'ils sont réussis, ne peuvent qu'enrichir la lecture.

à FAIRE

On peut familiariser les enfants même très jeunes avec des livres informatifs ou documentaires. Les enfants ont bien souvent le goût d'apprendre et ce sont des ouvrages qu'ils peuvent facilement s'approprier en pointant telle ou telle image, dans le désordre, en fonction de ce qu'ils ont retenu. À cet égard, pour ces ouvrages parfois onéreux, la bibliothèque ou la médiathèque sont d'un grand secours.

JE VOUDRAIS UN LIVRE POUR...

⤳ LIRE UNE HISTOIRE LE SOIR

L'HEURE DE L'HISTOIRE DU SOIR EST UN MOMENT ATTENDU ET, DÈS LORS QU'IL AURA ÉTÉ INSTITUÉ AUPRÈS DE L'ENFANT, IMPOSSIBLE D'Y ÉCHAPPER ! PAS TOUJOURS FACILE, QUAND ON A UNE JOURNÉE DE TRAVAIL DERRIÈRE SOI, DE TROUVER L'ÉNERGIE NÉCESSAIRE… Mais il est vrai que c'est souvent le seul temps de lecture de la journée pour l'enfant et que c'est généralement un beau moment de partage. Les livres ici rassemblés s'accordent avec ce moment du coucher et se veulent un vecteur de retour au calme et une introduction au sommeil. Par leur sujet, leur rythme, leurs illustrations, ils accompagnent cette douce plongée dans le calme et le repos de la nuit. Pour autant, n'oublions pas de multiplier les moments de lecture dans la journée et de se reporter pour se faire page 60 *« Pour rire ensemble »*, afin, aussi, d'éveiller, réveiller et chatouiller les enfants !

✳BONSOIR LUNE 0+
Ⓐ MARGARET WISE BROWN Ⓘ CLEMENT HURD

Impossible de résister au charme lancinant de ce classique américain des années 1950 qui entraîne avec une grande délicatesse vers le sommeil en saluant tous les éléments essentiels de la vie du petit lapin qui repose sagement dans son lit, en la présence réconfortante de *« la vieille dame calme »*, murmurant *« chut ! »*. Le beau texte au rythme lent, constitué de douces répétitions, apaise les enfants dès le plus jeune âge. Partant des objets du quotidien et de l'environnement immédiat du jeune lapin (*« Bonsoir peigne. Et bonsoir brosse »*) il conduit peu à peu vers l'immatériel (saluons au passage l'admirable *« Bonsoir personne »*) pour

s'achever sur une superbe expression poétique : *« Bonsoir les étoiles. Bonsoir l'air. Bonsoir les bruits de la terre. »* Les images au charme suranné, alternant vues en couleurs de la chambre et représentations en noir et blanc de détails, déclinent le jour très progressivement pour plonger la chambre dans une obscurité calme et reposante. Seuls le feu dans la cheminée, la lune, les étoiles et… les fenêtres de la maison de poupée (!) restent doucement illuminés, en gardiens de la nuit veillant sur l'enfant endormi tandis que la vieille dame s'est retirée. Incontournable, pour les tout-petits comme pour les plus grands.

L'École des Loisirs - 1947 - EAN 9782211010283

✳ aLORS? 0+
Ⓐ KITTY CROWTHER

Une chambre, un personnage qui entre, puis un autre et encore un autre. Chacun d'interroger « Alors ? ». Et tous attendent. Le suspense est maintenu pendant que le jour baisse... Et l'on comprend enfin : chaque personnage est un jouet qui attend que le petit d'homme vienne se coucher avec eux ! Un album qui célèbre avec beaucoup de poésie et de finesse le bonheur de l'endormissement.

Pastel - 2005 - EAN 9782211082938

✳ coméDie De La Lune 2+
Ⓐ ÉTIENNE DELESSERT

Un ample format accueille les magnifiques images, aussi chaleureuses qu'oniriques, montrant la préparation, par un enfant, de ce grand spectacle qu'est l'apparition de la lune. Et nous, lecteurs, devenons alors les spectateurs ébahis de cette mise en scène.

Gallimard Jeunesse - 2010 - EAN 9782070631735

✳ IL Y a un cauchemar Dans mon PLacarD 2+
Ⓐ MERCER MAYER

Face aux cauchemars : deux attitudes sont possibles. En avoir peur ou les affronter. Il semblerait que la seconde option les éloigne durablement ou les transforme à jamais ! Un classique toujours aussi amusant qui montre avec humour comment un jeune garçon affronte son cauchemar armé de ses jouets. Chaque relecture fait découvrir de nouveaux détails.

Gallimard Jeunesse - 2000 (1967) - * EAN 9782070515448

✳ Rêve De Lune 2+
Ⓐ ÉLISABETH BRAMI Ⓘ ANNE BROUILLARD

Comme si l'on voyait par les yeux d'un oiseau, les chaleureuses images d'Anne Brouillard nous plongent en un mouvement souple et majestueux au cœur de la ville, la nuit, jusqu'au lit, refuge de l'enfant qui s'endort paisiblement en rêvant à la lune.

Seuil Jeunesse - 2005 - EAN 9782020817356

✳ PLeine Lune 2+
Ⓐ ANTOINE GUILLOPPÉ

Un livre somptueux, aux découpes aussi fines qu'une dentelle, qu'on lit si agréablement à la lueur d'une lumière douce qui projettera ses ombres sur ces superbes vues de la forêt et des animaux qui la peuplent. Le format, le texte mesuré, la grande qualité des formes en contrastes noir et blanc, la belle texture du papier, font de cette lecture un moment d'exception.

Gautier-Languereau - 2010 - EAN 9782013933759

✳ PaPa! 4+
Ⓐ PHILIPPE CORENTIN

« Au lit, on lit. Mais, hein quoi, qu'est-ce que c'est ? » Une histoire en miroir entre un petit garçon et un petit monstre dérangés l'un par l'autre à l'heure du coucher. La chute est déstabilisante parce qu'ambiguë, mais c'est pour ça que les enfants en redemandent !

L'École des Loisirs - 1995 - * EAN 9782211035866

✳ un ours à ma Fenêtre 4+
Ⓐ LIESEL MOAK SKORPEN Ⓘ MERCER MAYER

Toute une aventure vécue par un petit garçon qui trouve, comme le titre l'indique, un ours à sa fenêtre et va finir par le rendre à sa famille pour enfin trouver le sommeil après maintes péripéties. On referme le livre avec l'impression d'avoir suivi une épopée, mais on est apaisé par la résolution et l'atmosphère délicate, onirique qui se dégage de cet album exceptionnel.

Circonflexe - 2005 (1968) - EAN 9782878333589

✳ Le Petit cochon qui n'arrivait Pas à s'enDormir Dans Le noir 6+
Ⓐ ARTHUR GEISERT

Quand la situation est vraiment désespérée, il faut employer les grands moyens : pour pouvoir s'endormir avec la lumière malgré le couvre-feu parental, un jeune cochon fabrique une étonnante machine. Le lecteur en suit les étapes et tous les détails très bien rendus par le style graphique aux traits précis. Un bijou d'humour par un maître de l'album sans texte.

Autrement Jeunesse - 2007 - EAN 9782746710481

⤳ LIRE UNE HISTOIRE LE SOIR

✳ DODO 0+

Ⓐ ANTONIN LOUCHARD
Ⓘ KATY COUPRIE
*Une belle balade nocturne
du point de vue d'un chat qui,
venant de la campagne, se dirige en ville vers
la chambre de l'enfant qui va s'endormir.
Un tout petit livre à la beauté apaisante.*
Thierry Magnier - Tête de Lard - 2001
EAN 9782844201089

✳ ALLONS VOIR LA NUIT! 2+

Ⓐ WOLF ERLBRUCH
*Le noir ne fait pas peur à petit
Pierre qui veut se promener
dans la nuit. Alors que son père
lui explique que c'est impossible, lui imagine
cette balade, pleine de rencontres imaginaires
très poétiques.*
La Joie de lire - Versatiles - 2000 - EAN 9782882581785

✳ AU LIT! 2+

Ⓐ LOUISE-MARIE CUMONT
*De petits tableaux réalisés en
tissus brodés, sans texte, qui
disent la diversité des modes de
sommeil. Une célébration poétique du coucher.*
MeMo - 2009 - EAN 9782352890522

✳ DANS MA CHAMBRE... 2+

Ⓐ URI SHULEVITZ
*Un enfant à la recherche de son
ours est l'occasion de valoriser cet
univers intime qu'est la chambre.
Un album sensible, délicat, dont la petite
musique interne nous touche durablement.*
Circonflexe - Aux couleurs du temps - 2005
EAN 9782878333770

✳ DEUX PAR DEUX 2+

Ⓐ ANDRÉ SOLLIE
*Juste avant l'extinction de la
lumière, l'énumération de son
corps par une enfant : un texte
gracieux, juste et équilibré subtilement illustré.*
Sarbacane - 2005 - EAN 9782848650609

✳ SCRITCH SCRATCH DIP CLAPOTE! 2+

Ⓐ KITTY CROWTHER
*La bienveillance d'un père pour
son enfant aura raison de la peur de
la nuit et de ses bruits inquiétants.*
L'École des Loisirs - 2002 - EAN 9782211064477

✳ TU NE DORS PAS PETIT OURS? 2+

Ⓐ MARTIN WADDELL
Ⓘ BARBARA FIRTH
*Un album doux, intelligent, qui,
avec beaucoup de sensibilité et
d'humour, lie la question du coucher à celle
de l'angoisse de grandir et de la séparation.*
Pastel - 1988 - * EAN 9782211014533

✳ UNE HISTOIRE À DORMIR LA NUIT 2+

Ⓐ URI SHULEVITZ
*L'histoire comme une comptine
de cette maison où tout le
monde dort, dort, dort et qui
se retrouve envahie par la musique tonitruante
avant de se rendormir. Les images aux couleurs
de la nuit dansent aussi bien qu'elles apaisent.*
Kaléidoscope - 2006 - EAN 9782877675031

✳ BONNE NUIT, MONSIEUR NUIT 2+

Ⓐ DAN YACCARINO
*Des images amples, harmonieuses,
colorées, où le jeu de la lumière
fait son œuvre, pour installer
le personnage de Monsieur Nuit dans son rôle
apaisant. Une belle poésie en textes et images.*
Circonflexe - 1998 - EAN 9782878332087

✳ OH! LA BELLE LUNE 2+

Ⓐ ÉRIC BATTUT
*Une histoire aussi graphique
que malicieuse dont l'inventivité
n'empêche en rien la tendresse.*
Didier Jeunesse - 2010 - EAN 9782278065400

✳ NUIT NOIRE 2+

Ⓐ DOROTHÉE DE MONFREID
*Par un astucieux jeu de contrastes,
cet album dessine une belle
opposition entre le noir de la nuit qui
fait peur et le jaune de la lumière qui réconforte.*
L'École des Loisirs - 2007 - * EAN 9782211089470

✳ AU LIT DANS 10 MINUTES 4+

Ⓐ PEGGY RATHMANN
*Alors que passent les minutes
avant d'aller au lit, l'enfant doit
s'occuper de la nombreuse famille
de hamsters. Un challenge!*
L'École des Loisirs - 1999 - * EAN 9782211055758

✳ CUISINE DE NUIT 4+

Ⓐ MAURICE SENDAK
*Le jeune héros plonge littéralement
dans le monde des rêves pour une
aventure lactée, rimée, rythmée et
haute en couleur, aux multiples résonances
symboliques.*
L'École des Loisirs - (1972) - EAN 9782211018807

✳ MIETTE SOUS LA COUETTE 4+

Ⓐ FABIENNE SÉGUY
Ⓘ YANN FASTIER
*Il y a ce qui se passe sous la
couette, sur la couette, et dans
la couette d'en face! Une histoire à quatre
voix, où se racontent aventure et amitié... sans
quitter le lit!*
L'Atelier du Poisson soluble - 2007 - EAN 9782913741539

✳ RUSSELL LE MOUTON 4+

Ⓐ ROB SCOTTON
*Les enfants qui tournent et
virevoltent dans leur lit sans
pouvoir s'endormir trouveront
en Russel un écho aussi doux qu'humoristique
à leurs agitations qui, on le sait, finissent
toujours par un lourd sommeil.*
Nathan Jeunesse - 2005 - EAN 9782092508152

✳ DING DANG DONG 4+

Ⓐ FRÉDÉRIQUE BERTRAND
*Un dernier vacarme avant d'aller
se coucher. Cet album adopte
le point de vue de l'enfant qui
joue à « dormez-vous? » avec l'ensemble
de ses jouets avant d'aller, sagement pourtant,
se coucher.*
MeMo - Tout-Petits Mémomes - 2009
EAN 9782352890780

✳ MOOMIN ET LA GRANDE INONDATION 6+

Ⓐ TOVE JANSSON
*Idéal pour lire le soir par séquences
aux plus grands. Toute la fantaisie,
le merveilleux et la tendresse
des Moomins dans l'une de leurs magnifiques
aventures.*
Le Petit Lézard - 2010 - EAN 9782353480203

✳ POUR REBONDIR

✳ BERCEUSES ET PAROLES POUR APPELER LE SOMMEIL 0+

🅐 MARIE-CLAIRE BRULEY - LYA TOURN 🅘 PHILIPPE DUMAS

Un ouvrage de référence sur la culture populaire de la petite enfance qui propose une réflexion sur les rites d'endormissement des tout-petits en appui de berceuses et de chansonnettes magnifiquement accompagnées par des illustrations d'une grande sensibilité.

L'École des Loisirs - 1996 - EAN 9782211037983

✳ À VOIR EN BIBLIOTHÈQUE

✳ ALLUME LA LUNE : BERCEUSES ET IMAGES RÉCOLTÉES À ROUBAIX 0+

🅐 LAETITIA CARRÉ, ISABEL GAUTRAY

Une collecte de photos et de comptines par des bibliothécaires de Roubaix aboutie à ce très bel album. Un CD des comptines offre une riche écoute.

Passage Piétons

✳ BONNE NUIT TOMMY 0+

🅐 ROTRAUT SUSANNE BERNER

Tommy le lapin a chaque soir le droit à un rituel du coucher bien original. Il est normal qu'il en redemande. Et nous aussi, tant le jeu est savoureux. À la faveur de la relecture, on appréciera les scènes secondaires, de l'ordre du détail qui se déroulent parallèlement entre la poule et son poussin.

Seuil Jeunesse

✳ DANS LA NUIT NOIRE 2+

🅐🅘 BRUNO MUNARI

D'emblée, on plonge dans une nuit poétique, fantaisiste, inscrite en bleu sur du beau papier noir. Puis la lumière, d'abord entrevue par les petits ronds en découpe, comme des étoiles, s'impose enfin. Et l'on en ressort pour continuer l'aventure en plein jour, entre calques et découpes.

Seuil Jeunesse - 1999 - EAN 9782020377935

✳ QUAND VIENT LA NUIT 2+

🅐 ANNE GUTMAN 🅘 GEORG HALLENSLEBEN

Très bel album tout en couleurs, en lumières et en sensations. Ancré dans le quotidien vécu des enfants, les sentiments et émotions sont ici exprimés avec une grande finesse. L'histoire commençant dès la fin de l'après-midi, la question du coucher arrive alors très naturellement.

Adam Biro

✳ ET AUSSI...

✳ PAS DE LOUP 0+
🅐 JEANNE ASHBÉ
Pastel - 2008 - EAN 9782211093156

✳ À LA SIESTE, TOUT LE MONDE ! 2+
🅐 YUICHI KASANO
L'École des Loisirs - 2009 - * EAN 9782211094863

✳ BONNE NUIT TIPETON 2+
🅐 POLLY DUNBAR
Kaléidoscope - 2010 - EAN 9782877676564

✳ NUIT 2+
🅐 EMMANUELLE EECKHOUT
Pastel - 2009 - EAN 9782211096379

✳ LA NUIT 4+
🅐 BETTY BONE
Éditions du Rouergue - 2005 - EAN 9782841156627

✳ LE LIVRE DE NUIT 4+
🅐 YAE HAGA
MeMo - 2004 - EAN 9782910391574

✳ UNE NUIT, UN CHAT... 4+
🅐 YVAN POMMAUX
L'École des Loisirs - 1993 - * EAN 9782211027748

✳ PENDANT QUE TU DORS 4+
🅐 ALEXIS DEACON
Kaléidoscope - 2006 - EAN 9782877674768

REGARD CRITIQUE

L'offre éditoriale se concentre presque exclusivement sur la question de la difficulté au coucher ou à l'endormissement ou bien sur la peur du noir. Peu d'éditeurs prennent réellement en compte l'importance que parents et enfants attachent à l'histoire du soir qui demande une durée et un rythme tout à fait particuliers. Plus l'enfant grandit, plus il est difficile de trouver des histoires adaptées à son âge pour le soir. Aussi, vers 6 ans, on pourra privilégier des recueils de contes ou des petits romans en chapitres. **Il est ainsi bien agréable de doubler le plaisir du rituel de l'histoire du soir par celui du retour d'un héros.**

À FAIRE

Prolonger ou doubler l'histoire du soir par une histoire inventée.
Claude Ponti, dans un fascicule que son éditeur lui consacrait (Lucie Cauwe, *Ponti Foulbazar* L'École des Loisirs, 2006) expliquait par la voix de sa fille comment se passait le rituel de l'histoire du soir : « Il [mon père] me racontait, jusqu'à il y a environ pas très longtemps, plusieurs histoires tous les soirs : une petite histoire, puis une histoire avec mes peluches et pour finir « un rêve » qui commençait toujours par la formule magique rituelle : Cette nuit, pendant que tu dormiras, tout d'un coup tu… . Là commençait l'histoire ». Mais ce n'est certes pas donné à tout le monde !

PARLER DE SENTIMENTS

ÊTRE EN COLÈRE OU JALOUX DE SON PETIT FRÈRE, COMMENCER UNE BELLE AMITIÉ, SUPPORTER UNE SÉPARATION, RESSENTIR DE L'AMOUR, VOICI LA GRANDE HISTOIRE DES ENFANTS : CELLE DES SENTIMENTS. Toutes ces émotions, les enfants les vivent avec une très grande intensité, ne disposant que de peu de recul et d'expérience. Les livres sensibles, respectueux, réalisés par des auteurs à l'écoute des enfants, permettront à ces derniers de mieux comprendre leurs émotions et de trouver des réponses à leurs angoisses. Dépasser la jalousie, exprimer son amitié, soigner ses chagrins, calmer ses colères, susciter des preuves d'amour, voici à quoi pourront conduire les livres, pour peu qu'ils sachent aborder ces questions avec toute la subtilité requise.

Ce jour-là,
le papa revint.
Il avait l'air fatigué.
Il dit: «Voilà,
la guerre est finie!»

*FLON-FLON ET MUSETTE 4+

A ELZBIETA

Flon-Flon aime Musette. Musette aime Flon-Flon. Mais la guerre vient les séparer. Aussi délicatement que possible, Elzbieta pose des mots justes, soigneusement choisis, pour décrire la force prometteuse de l'amitié puis la force destructrice de la guerre, la première survivant à la seconde. Ainsi ce ne sont pas des fils barbelés qui séparent les deux amis, mais une « *haie d'épines* », le papa soldat, au retour du combat, est dit « *fatigué* » alors qu'il est malheureusement estropié. Dans ses images tableaux qui font face à ces mots, elle compose, en une combinaison dont elle garde le secret, des teintes pastel,

des voiles légers, des fibres cotonneuses, sur ses images. Et les scènes représentées sont toujours mises à distance par le biais d'une fenêtre ou d'un cadre. Dès lors, elle peut évoquer sans détour la profondeur des sentiments mais aussi, la douleur des émotions. Avec une infinie douceur, un respect sincère, sans naïveté, elle parle à l'enfant de tout ce qui l'interroge, le tracasse, quand les adultes ne trouvent pas toujours les mots pour le dire. Un album rare qui, en dépit du thème difficile reste très positif.

Pastel - 1993 - * EAN 9782211016599

✳ Benny à l'eau ²⁺
Ⓐ BARBRO LINDGREN Ⓘ OLOF LANDSTRÖM

S'occuper de son petit frère, jouer avec les copains, résister aux méchants et se laisser aller à un moment de douceur... Le quotidien de Benny n'est pas des plus reposant mais la relation tendre et protectrice qu'il noue avec son jeune frère est bien réconfortante. La combinaison de l'humour et de la délicatesse dans cette série est exceptionnelle.

L'École des Loisirs - 2008 - ✳ EAN 9782211091510

✳ Petit Dernier ²⁺
Ⓐ DIDIER LÉVY Ⓘ FRÉDÉRIC BENAGLIA

Un album drôle et attachant sur la très nombreuse famille Crumpet et sur la destinée du petit dernier... qui devra bien un jour accueillir un dernier petit dernier ! Un album aussi drôle que tendre.

Sarbacane - Sapajou - 2006 - EAN 9782848650944

✳ anna et le gorille ⁴⁺
Ⓐ ANTHONY BROWNE

Anna est élevée par son seul père, lequel travaille énormément. L'enfant solitaire s'invente alors une figure paternelle de substitution : un gorille, qui vient une nuit l'emmener pour une promenade de rêve.
Entre univers quotidien et onirisme, cet album évoque avec force les sentiments de l'enfant.

Kaléidoscope - 1994 (1983) - EAN 9782877671125

✳ JOHN BROWN, ROSE ET LE CHAT DE MINUIT ⁴⁺
Ⓐ JENNY WAGNER Ⓘ RON BROOKS

Un chat survient en intrus dans le quotidien doux et feutré du chien John Brown et de sa maîtresse Rose. Alors que la vieille dame accueille avec générosité le nouveau venu, John Brown sera tout d'abord rétif, puis jaloux, avant de se résoudre à l'accepter avec une grande bienveillance. Une palette de sentiments est ici exprimée avec beaucoup de raffinement et de subtilité.

Il était deux fois - 2008 (1978) - EAN 9782917326077

✳ Le jour où nous étions seuls au monde ⁴⁺
Ⓐ ULF NILSSON Ⓘ EVA ERIKSSON

Un enfant se trompe d'heure au retour de l'école et rentre avant tout le monde. Il pense, à tort, qu'il est arrivé quelque chose à ses parents. Il prend en charge son petit frère et c'est ce moment oscillant entre tendresse, responsabilité et humour qui est mis en scène dans cet album où l'angoisse est noyée par le jeu et la complicité. Une fin très réconfortante.

Pastel - 2009 - EAN 9782211097260

✳ TOUT CHANGE ⁴⁺
Ⓐ ANTHONY BROWNE

Le père de Joseph lui a dit que « bientôt, tout allait changer ». Nous suivons le garçon durant les quelques heures où se chamboulent toutes sortes d'idées sur ce changement annoncé qui l'inquiète. Arrive enfin la réponse, magnifiquement révélée : il est grand frère ! Un album essentiel, dont la force suggestive et les symboles permettent au lecteur de se préparer pour lui-même.

Kaléidoscope - 1990 - EAN 9782877670265

✳ adèle mortadelle ⁶⁺
Ⓐ AUDREY CALLEJA

La séparation des parents vue de l'intérieur par le regard d'une enfant. La liberté graphique de l'auteur permet de mettre en scène un labyrinthe de sentiments et d'émotions : relations avec la fratrie, rapport au père absent, solitude, tendresse, inquiétude, affection... Le propos est fort, sérieux, mais emplit de sensibilité, d'amour et d'humanité.

L'Atelier du Poisson soluble - 2009 - EAN 9782913741966

✳ mitsu un jour parfait ⁶⁺
Ⓐ MÉLANIE RUTTEN

Il y a d'abord un objet au beau papier, à la couverture douce comme une feuille de dessin, aux pages emplies de petites images colorées, détaillées qui émaillent le texte distribué en courts pavés. Ce récit des petites choses et des grands bonheurs de la vie est ponctué de petits chapitres qui soutiennent la délicatesse de la narration.
Un album d'une très grande sensibilité, pour prendre confiance en la beauté de la vie et en la force de la tendresse.

MeMo - 2008 - EAN 9782352890218

PARLER De SenTiMenTs

CHUT, CHUT, CHARLOTTE! 2+

ROSEMARY WELLS

Il est bien difficile pour Charlotte de trouver un écho auprès de ses parents, étouffée entre son petit frère et sa grande sœur. Un album très efficace pour évoquer la complexité des sentiments au sein de la famille.

Gallimard Jeunesse - 1991 - * EAN 9782070578375

Le CHIEN INVISIBLE 2+

CLAUDE PONTI

L'amitié entre un enfant seul et un compagnon d'abord invisible exprimée avec une émotion et une tendresse hors du commun.

L'École des Loisirs - 1995 - * EAN 9782211031851

Le CORBEAU ET LES OISILLONS 2+

NICOLE DE COCK

L'histoire très émouvante d'une mère empêchée et d'un père de substitution qui va s'occuper de ses enfants pendant son absence. Des images à la fois douces et fortes pour un récit très prenant.

Circonflexe - 2008 - EAN 9782878337647

LOULOU 2+

GRÉGOIRE SOLOTAREFF

Quand l'amitié nouvelle entre un lapin et un loup permet d'évoquer l'ambivalence de certaines relations. Un album fort, aussi bien du point de vue du récit que des images, inoubliables.

L'École des Loisirs - 1989 - * EAN 9782211021203

angus et la chatte 4+

MARJORIE FLACK

Ces deux-là sont bien chien et chat. La mise en scène de leurs disputes qui joue sur les enchaînements de pages et les points de vue est des plus savoureuses.

Circonflexe - Aux couleurs du temps - 2005 (1932)
EAN 9782878333527

C'eST Un papa... 4+

RASCAL
LOUIS JOOS

Un thème rarement traité : la garde alternée du point de vue du papa. Un album fort et sensible, tout en finesse, aussi bien du point de vue du texte que de l'image.

Pastel - 2001 - * EAN 9782211057202

CHAFI 4+

EMMANUELLE EECKHOUT

Une relation nouvelle se noue entre un enfant et son père lorsque ce dernier est en congés pour accident du travail. À noter, un livre qui aborde le quotidien d'une famille immigrée sans se centrer sur cette question.

Pastel - 2005 - EAN 9782211079112

Le SeCReT 4+

ANAÏS VAUGELADE

Un album hyper sensible sur la solitude, l'amitié, l'attente, qui illustre avec intelligence ce que veut dire « cultiver son jardin secret ».

L'École des Loisirs - Lutin poche - 2010 (1996)
EAN 9782211201421

OKILÉLÉ 4+

CLAUDE PONTI

Comment un enfant maltraité, rejeté dès sa naissance, va, grâce à son sens de l'amitié et son indéfectible foi en la vie, se forger un destin lumineux.

L'École des Loisirs - 1993 - * EAN 9782211029636

PETIT-GRIS 4+

ELZBIETA

Petit-Gris a « attrapé » la pauvreté quand il était petit. Avec la sensibilité, le respect et la finesse qui la caractérisent, Elzbieta retrace la fuite d'une famille chassée de partout.

Pastel - 1995 - * EAN 9782211015837

TOTOCHE ET La PETITE maison de mérédith 4+

CATHARINA VALCKX

Un texte vivant, frais, spontané, des situations qui forcent la tendresse et l'humour, et un sens du dialogue très fin font les grandes qualités de cet éloge de l'amitié entre une souris et une coccinelle.

L'École des Loisirs - 2009 - EAN 9782211097871

TOUJOURS 4+

ALISON McGHEE
PASCAL LEMAÎTRE

La très émouvante déclaration d'amour d'un chien pour sa jeune maîtresse. C'est tendre, c'est fort, et les dessins sont irrésistibles.

Pastel - 2010 - EAN 9782211097741

Le Géant 4+

NICOLAS THERS

Quand une petite fille dit son amour pour son beau-père, cela prend la voie d'une belle métaphore : du géant admiré il est devenu l'homme aimé.

L'Atelier du Poisson soluble - 2010
EAN 9782358710091

ROUGE, JAUNE, NOIRE, BLANCHE 4+

BRIGITTE MINNE
CARLL CNEUT

Une subtile allégorie sur la différence et la difficulté du vivre ensemble, magnifiée par les superbes images de Carll Cneut.

Pastel - 2002 - EAN 9782211065775

comme un poisson DanS L'eau 6+

DANIEL NESQUENS
RICI BLANCO

Le thème du handicap est ici traité avec beaucoup d'intelligence, préférant centrer le propos sur la passion de l'enfant que sur son handicap, même s'il n'élude rien.

Autrement Jeunesse - 2007 - EAN 9782746709997

Je T'aime 6+

SUSIE MORGENSTERN

Je t'aime, Je te hais et Je t'aime (encore) quand même forment une belle trilogie romanesque (lecteurs débutants), pour dire la force des premiers sentiments amoureux.

Thierry Magnier - Petite Poche - 2003
EAN 9782844202659

à VOIR en BIBLIOTHèque

❋ aya et sa petite sœur 2+

(A) YORIKO TSUTSUI
(I) AKIKO HAYASHI

Pendant qu'Aya prépare un jeu pour sa petite sœur, cette dernière disparaît. Aya se lance à sa poursuite, le cœur battant. Une relation entre sœurs d'une incroyable justesse, magnifiée par les illustrations d'une immense tendresse d'Akiko Hayashi.

L'École des Loisirs

❋ comment te dire je t'aime 2+

(AI) MARIKO KIKUTA

Le dialogue irrésistible de deux petits oursons qui ont bien du mal à se dire qu'ils s'aiment. Entre hésitation et contresens, le texte ciselé et les illustrations minimalistes offrent un bonheur de délicatesse.

Albin Michel Jeunesse

❋ L'amie 4+

(A) SARAH STEWART
(I) DAVID SMALL

Quand une gouvernante s'occupe quotidiennement d'une petite fille et qu'elle lui sauve la vie, cela donne une histoire d'une incroyable charge émotionnelle qui touche énormément les enfants. On regrette la disparition de cet album.

Syros

❋ des invités bien encombrants 4+

(A) ANNALENA McAFEE
(I) ANTHONY BROWNE

Par le jeu d'un décalage entre le texte et l'image cet album aborde la complexité des sentiments qui s'emparent d'un enfant lors de la recomposition d'une nouvelle famille.

Kaléidoscope - 2001 - EAN 9782877673426

❋ Lola et Léon 4+

(A) ANNA HÖGLUND

Une série qui met en scène les affres quotidiennes d'un couple d'ours adultes. Grâce à la délicatesse des personnages et à leur conduite enfantine, leurs sentiments touchent à l'universel, et les jeunes lecteurs trouvent écho dans ces récits qui s'attachent à décrire des émotions rarement traitées en littérature jeunesse.

Seuil Jeunesse

et aussi...

❋ devine combien je t'aime 2+
(A) SAM McBRATNEY **(I)** ANITA JERAM
Pastel - 1994 - EAN 9782211026840

❋ je vais me sauver ! 2+
(A) MARGARET WISE BROWN **(I)** CLEMENT HURD
Mijade - 2007 (1942) - * EAN 9782871425915

❋ les bons amis 2+
(A) PAUL FAUCHER **(I)** GERDA MULLER
Flammarion - Père Castor - 1996 (1976)
* EAN 9782081603264

❋ petite beauté 2+
(AI) ANTHONY BROWNE
Kaléidoscope - 2008 - EAN 9782877675673

❋ papa, maman, anouk et moi 2+
(AI) JÉRÔME RUILLIER
Bilboquet - 2006 - EAN 9782841812561

❋ grosse colère 4+
(AI) MIREILLE D'ALLANCÉ
L'École des Loisirs - 2000 - * EAN 9782211057714

❋ la maman et le bébé terrible 4+
(A) BARBRO LINDGREN **(I)** EVA ERIKSSON
Mijade - 2006 (1983) - EAN 9782871424918

❋ laurent tout seul 4+
(AI) ANAÏS VAUGELADE
L'École des Loisirs - 1996 - EAN 9782211037150

❋ les petits bonshommes sur le carreau 4+
(A) OLIVIER DOUZOU **(I)** ISABELLE SIMON
Éditions du Rouergue - 2002 (1994)
EAN 9782841561032

❋ quand le nouveau bébé arrive, moi, je m'en vais 4+
(AI) MARTHA ALEXANDER
Pastel - 2010 (1981) - EAN 9782211097017

REGARD CRITIQUE

La palette des sentiments est large. Pour vous aider à vous repérer dans cette sélection, voici son classement par thématique.

Relations frères/sœurs
❋ Aya et sa petite sœur ❋ Benny à l'eau
❋ Petit dernier ❋ Tout change
❋ Le Jour où nous étions seuls au monde
❋ Quand le nouveau bébé arrive, moi, je m'en vais

Relations parents/enfants
❋ Anna et le gorille ❋ Je vais me sauver
❋ Le Corbeau et les oisillons ❋ Chafi
❋ La Maman et le bébé terrible

Relations familiales
❋ Petit Dernier ❋ Okilélé ❋ Petit-Gris
❋ Papa, Maman, Anouk et moi

Familles recomposées
❋ Adèle Mortadelle
❋ C'est un papa ❋ Le Géant

Le sentiment amoureux
❋ Comment te dire je t'aime ?
❋ Lola et Léon ❋ Flon-Flon et Musette
❋ Je t'aime ❋ Laurent tout seul
❋ Devine combien je t'aime ?

Amitié
❋ Mitsu, un jour parfait ❋ Loulou
❋ Le Chien invisible ❋ Le Secret
❋ Totoche et la maison de Mérédith
❋ Toujours ❋ Les Bons Amis
❋ Petite beauté ❋ L'Amie

Jalousie, colère
❋ John Brown, Rose et le chat de minuit
❋ Chut, chut, Charlotte ! ❋ Grosse colère
❋ Angus et la chatte

Différence, identité
❋ Rouge, jaune, noire, blanche
❋ Comme un poisson dans l'eau
❋ Les Petits Bonshommes sur le carreau

⤳ RIRE ensemble

LES ENFANTS ADORENT RIRE ET LEUR CAPACITÉ À PROVOQUER LE RIRE OU L'APPRÉCIER SE MANIFESTE TRÈS TÔT. LES BÉBÉS PEUVENT ÊTRE DE VRAIS CLOWNS ! MAIS L'AMUSEMENT ET LE RIRE NE SONT PAS DES ACTIVITÉS SOLITAIRES. En produisant volontairement des pitreries pour provoquer le rire, les livres renforcent les liens affectifs qui se nouent entre les enfants et l'adulte lecteur du livre. L'humour est un processus d'attachement : rire ensemble permet de se sentir plus proches, à tous les âges de la vie. Et quel bonheur, au sein de la famille, de citer à l'envie les petites phrases qui nous ont fait rire ensemble. Vers quatre ans, c'est la forme plus évoluée de l'humour qui se met en place. C'est souvent de la compréhension soudaine d'une situation humoristique que l'on constate avec bonheur que, ça y est, l'enfant a accès au second degré. Un moment important de son développement, et des complicités fécondes en perspectives !

＊De La Petite taupe qui voulait savoir qui lui avait fait sur la tête 4+

Ⓐ WERNER HOLZWARTH Ⓘ WOLF ERLBRUCH

Bien sûr, cet album a le charme indéniable de la scatologie enfantine ! Des crottes à toutes les pages, des crottes sur la tête, des crottes de toutes sortes... Ce livre raconte comment une petite taupe qui reçoit un matin une crotte sur la tête s'en va d'un pas décidé à la recherche du coupable. Bien entendu, au gré de ses rencontres, on apprend tout, et plus encore (!), sur la forme et la consistance des déjections de bien des animaux !

En dépit de ce scénario, et c'est là toute la réussite de ce classique, il y a un raffinement certain, et tout à fait inattendu, dans ces textes et ces images. Le prénom du chien, (Jean-Henri), ou le vocabulaire châtié

(« le malpropre », « faire bombance »...), comme la typographie, ou la tonalité théâtrale des commentaires tranchent avec la trivialité de l'histoire. Mariant ainsi avec une grande virtuosité le vulgaire et le distingué (exemple : « *Et spatschh ! Un petit pâté laiteux vint s'écraser juste devant la petite taupe, et moucheta de blanc son pied droit* »), Wolf Erlbruch signait l'album qui allait le faire connaître et faire de lui le chef de file de toute une génération d'illustrateurs. Chacun trouvera son compte dans cet album qui réussit aussi bien à faire rire pour son comique le plus burlesque que pour son second degré le plus subtil.

Milan Jeunesse - 1993 - * EAN 9782867268663

* POURQUÔÔÂÂ ? 0+
Ⓐ VOUTCH

« Maintenant, petite grenouille c'est l'heure de faire dodo. – Pourquôôââ ? – Parce qu'il fait nuit. – Pourquôôââ ? » Cela vous rappelle quelque chose ? Alors précipitez-vous sur ce petit album qui traite par la ruse et l'humour ce leitmotiv de l'enfance : le questionnement perpétuel !

Thierry Magnier - Tête de Lard - 2000 - EAN 9782844200747

* ABOIE GEORGES ! 2+
Ⓐ JULES FEIFFER

Georges est un chiot qui essaye vainement d'aboyer et produit à la place tous les cris des autres animaux. C'est qu'il a avalé : un chat, un canard, un cochon, une vache... Le talent de dessinateur de l'auteur et son sens aigu de la narration, comme la répétition des situations, conduisent dans l'humour à une chute fort amusante.

Pastel - 2000 - EAN 9782211057189

* LES DEUX GOINFRES 4+
Ⓐ PHILIPPE CORENTIN

Une verve truculente reconnaissable entre mille, des situations délirantes enchevêtrées, un sens inné de l'esprit d'enfance, et, enfin, et non des moindres, un talent de dessinateur exceptionnel, c'est tout l'art de Philippe Corentin qui exalte ici.

L'École des Loisirs - 1997 - * EAN 9782211044158

* MOI, LE LOUP ET LES VACANCES AVEC PÉPÉ 4+
Ⓐ DELPHINE PERRET

Suite conforme à Moi le loup et les chocos, cet album BD, aux dessins minimalistes très vivants, s'avère tout simplement irrésistible : des dialogues savoureux, des situations inénarrables, dans un style très original.

Thierry Magnier - 2010 - EAN 9782844208439

* MON CHAT LE PLUS BÊTE DU MONDE 4+
Ⓐ GILLES BACHELET

Le narrateur nous présente son chat, dans toutes ses attitudes, sa drôlerie, ses petites manies. Le dessin est virtuose, les détails savoureux et la narration alerte. Sauf que... Sauf que c'est un éléphant qui est représenté !

Seuil Jeunesse - 2004 - EAN 9782020660495

* AU CHÂTEAU ! 4+
Ⓐ DELPHINE BOURNAY

Un sens aigu du dialogue et des expressions caractérise les albums de Delphine Bournay. Ici, les chamailleries entre sœurs et les passes d'armes avec le père sont tout bonnement à mourir de rire. La scène de la voiture est un authentique moment d'anthologie ! Un comique qui résiste à l'épreuve des nombreuses relectures qu'il suscite.

L'École des Loisirs - Mouche - 2007 - EAN 9782211087575

* LE MONSTRE POILU 4+
Ⓐ PEF

Un grand classique de l'album humoristique par un maître du genre. Quand une princesse dégourdie affronte un monstre par le seul jeu de ses rimes impertinentes, attention les oreilles ! Et comme toujours chez Pef, l'humour s'exerce à plusieurs niveaux.

Gallimard Jeunesse - 1982 - EAN 9782070631032

* LE NEZ 6+
Ⓐ OLIVIER DOUZOU

Imaginez un narrateur au nez bouché... C'est ce que met en scène Olivier Douzou pour nous conter une histoire adaptée du... Nez de Gogol. Dès lors, dou abzolument dou ze qui est dit brend une dournure gomique ! Lecteurs à voix haute, exercez bien votre diction, car vous serez soumis à rude épreuve !

MeMo - 2006 - EAN 9782910391911

⮷ RIRE ensemble

✱ 999 TêTaRDS ₂₊

Ⓐ KEN KIMURA
Ⓘ YASUNARI MURAKAMI
*L'aventure en famille à... 999 !
On déménage à 999, on brave
les serpents ou les aigles à 999 et on saute
dans le vide à 999... Un comique de situation
vraiment très efficace.*
Autrement Jeunesse - 2005 - EAN 9782746706934

✱ C'EST MOI LE PLUS FORT ₂₊

Ⓐ MARIO RAMOS
*Rira bien qui rira le dernier lorsqu'un loup
présomptueux se mesure à tout ce qui
passe. Et tel est pris qui croyait prendre !*
Pastel - 2001 - * EAN 9782211062084

✱ GUILI LaPIN ₂₊

Ⓐ MO WILLEMS
*Avec une technique
inhabituelle (dessins sur
photos) une fable du quotidien
se déroule sous nos yeux complices et amusés.*
Kaléidoscope - 2007 - EAN 9782877675239

✱ 365 PINGOUINS ₄₊

Ⓐ JEAN-LUC FROMENTAL
Ⓘ JOËLLE JOLIVET
*Que se passe-t-il quand une
famille se trouve successivement
envahie par 1 puis 2, 3, 4... 10 ... 100 et
365 pingouins ? Un grand format au beau
graphisme pour une fable comique.*
Naïve - 2006 - EAN 9782350210480

✱ ET MaINTENANT
QU'EST-CE QU'ON FAIT ? ₄₊

Ⓐ YUICHI KIMURA
Ⓘ JUN TAKABATE
*Un format tout en hauteur
pour une improbable histoire
d'empilement, casse-tête de
trois rats et deux chats sauvages
qui voudraient bien sortir d'un trou !*
Picquier Jeunesse - 2010 - EAN 9782809702040

✱ La PORTE ₄₊

Ⓐ MICHEL VAN ZEVEREN
*Un grand classique des
scènes de vie des familles
nombreuses : l'occupation
de la salle de bains. Ici narré sans texte,
le comique de situation et la subtilité
des expressions des personnages sont
irrésistibles.*
Pastel - 2008 - * EAN 9782211090971

✱ LE VOLEUR DE POULE ₄₊

Ⓐ BÉATRICE
RODRIGUEZ
*Un album sans texte
très tonique qui nous
laisse à bout de souffle après une course
poursuite hilarante et une pirouette finale
bien inattendue !*
Autrement Jeunesse - Histoires sans paroles
2005 - EAN 9782746707146

✱ LES TROIS LOUPS ₄₊

Ⓐ ALEX COUSSEAU
Ⓘ PHILIPPE-HENRI TURIN
*Entre la fable et l'histoire
drôle : quand trois loups
sont sur un bateau, qu'est-ce qui se passe ?
De l'absurde, de la fantaisie et beaucoup
d'humour !*
L'École des Loisirs - Matou - 2002
* EAN 9782211065979

✱ Ma MaîTRESSE A DIT QU'IL
FaLLaIT BIEN POSSÉDER
La LaNGUE FRaNÇaISE ₄₊

Ⓐ ALAIN LE SAUX
*Des jeux de langue menés à
l'extrême et malicieusement
illustrés en contrepoint par
des dessins virtuoses. Voici tout l'art d'Alain
Le Saux.*
Rivages - 2006 (1985) - EAN 9782903059828

✱ NI VU NI CONNU ₄₊

Ⓐ MICHAËL ESCOFFIER
Ⓘ KRIS DI GIACOMO
*Une histoire maligne, facétieuse,
irrévérencieuse dont tout
le comique réside dans la chute que
l'on se gardera bien de révéler.
Mais on en rit longtemps !*
Frimousse - 2010 - EAN 9782352410454

✱ PaPa aU BUREaU ₄₊

Ⓐ FATUS
*Des situations cocasses
et un humour absurde dont
la cible n'est autre que le papa
qui se « déguise » tous les matins avec un
costume, une cravate et un attaché-case !*
Thierry Magnier - Tête de Lard - 2002
EAN 9782844201515

✱ TOUTOU TONDU ₄₊

Ⓐ DELPHINE PERRET
*Un texte en rimes nous présente
un jeune garçon qui trouve
un chien bien peu poilu.*

*S'en suit un traitement aux conséquences
inespérées rendues fort amusantes par
les dessins si expressifs de l'illustratrice.*
L'Atelier du Poisson soluble - 2005
EAN 9782913741362

✱ TIGRES à La QUEUE
LEU LEU ₄₊

Ⓐ MOON-HEE KWON
*Un récit coréen bien
original et facétieux.
Ou l'histoire d'un petit
fainéant qui inventa un stratagème aussi
audacieux qu'effronté mais d'une redoutable
efficacité !*
Quiquandquoi - 2008 - EAN 9782940317493

✱ UN BaLLON CONTRE
UN TROMBLON ₄₊

Ⓐ ALASTAIR REID Ⓘ BOB GILL
*Jusqu'où peut mener le jeu des
échanges ? Un album au graphisme
audacieux et au récit astucieux.*
Phaidon - 2011 - EAN 9780714857848

✱ HUBERT HORACE GONTRAN
LaMBERT DE VILLE-aDaM ₆₊

Ⓐ LAUREN CHILD
*Un humour à l'anglaise : vif,
spirituel, décapant. ça virevolte,
grimpe dans les aiguës, joue
admirablement de la langue (très bonne
traduction). So british!*
Casterman - 2004 - EAN 97822035533008

✱ La GROSSE BÊTE
DE MONSIEUR RaCINE ₆₊

Ⓐ TOMI UNGERER
*Une farce des plus truculentes,
qui célèbre l'esprit de jeu et de
facétie de l'enfance. Le burlesque
et l'accumulation de détails scabreux feront
le bonheur des lecteurs.*
L'École des Loisirs - 1972 - * EAN 9782211020039

✱ TITI NOUNOURS ET La
SOUSOUPE aU PILIPILI ₆₊

Ⓐ BENOÎT JACQUES
*Marre du parlé bébé et des histoires
culcul la praline ? En voici une qui
force le trait et sonne une charge
fulgurante et hilarante contre la niaiserie !*
Benoît Jacques Books - 2002 - EAN 9782916683070

62

✳ à VOIR en BIBLIOTHÈQUE

✳ La nuit De Faust
Ⓐ MATT OTTLEY

*Quand un chien pataud endosse le rôle
du héros persécuté. Le comique, irrésistible,
réside dans le jeu de points de vue entre Faust
(le chien !) qui est harcelé par les monstres,
ses maîtres à la vue desquels les monstres
se dissimulent, et les lecteurs, spectateurs
de cette drôle de mise en scène.*

Kaléidoscope - 1996

✳ un Boa à La Ferme 2+
Ⓐ TRINKA HAKES NOBLE
Ⓘ STEVEN KELLOG

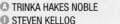

*Une maman interroge sa fille sur sa sortie
à la ferme. S'en suit une narration à rebours
hilarante qui relate les catastrophes en chaîne
qui se sont produites impliquant poules,
cochons et… boa ! La décontraction de
la petite fille face à l'énormité de la pagaille
causée augmente l'effet comique.*

L'École des Loisirs - 1982

✳ ET AUSSI...

✳ C'EST PAS GRAVE 2+
Ⓐ MICHEL VAN ZEVEREN
Pastel - 2010 - EAN 9782211095709

✳ PROUT DE mamouth 2+
Ⓐ NOÉ CARLAIN Ⓘ ANNA-LAURA CANTONE
Sarbacane - 2006 - EAN 9782848651019

✳ CHIC, DES BONBONS magiques 2+
Ⓐ TATSUYA MIYANISHI
Nobi Nobi - 2010 - EAN 9782918857044

✳ GÉRaRD 4+
Ⓐ EMMANUELLE ROBERT Ⓘ RONAN BADEL
Seuil Jeunesse - 2001 - EAN 9782020485944

✳ IL L'a FaIT! 4+
Ⓐ OLE KÖNNECKE
L'École des Loisirs - 2010 - EAN 9782211201056

✳ RenDez-VOUS en antarctique 4+
Ⓐ NURIT ZARCHI Ⓘ BATIA KOLTON
Actes Sud Junior - 2006 - EAN 9782742764440

✳ TêTe à CLaque 4+
Ⓐ PHILIPPE CORENTIN
L'École des Loisirs - 1998 - * EAN 9782211048521

✳ zIGomaR n'aIme Pas LES LÉGUMES 4+
Ⓐ PHILIPPE CORENTIN
L'École des Loisirs - 1992 - * EAN 9782211048415

✳ Le canaRI De L'emPeReuR 4+
Ⓐ ANNE HERBAUTS Ⓘ KATRIN STANGL
Esperluète - 2007 - EAN 9782930223841

✳ S'aImeR D'amouR 6+
Ⓐ GUILLAUME DÉGÉ
Le Baron perché - 2010 - EAN 9782360800070

REGARD CRITIQUE

L'humour mise sur la capacité du lecteur
à prendre de la distance, à comprendre
et à apprécier les plaisirs du second
degré. C'est un jeu tacite entre l'auteur
et son lecteur. Il suppose donc
une relation privilégiée, le lecteur
ne devant pas avoir de doutes sur
l'attitude bienveillante du producteur.
C'est pourquoi l'humour noir n'est
distillé que par petites touches,
au sein d'un propos général
complice et affectueux. **L'humour
est une remarquable incitation
à l'action, à une attitude créatrice.**
Bien des jeunes lecteurs aimeront
répéter puis transformer des formules
ou des dialogues qui les ont fait rire.
L'humour est aussi une affaire
de dessin, et l'expression comme
le rire, se passent alors de mots.
C'est toutefois une habileté réservée
aux plus talentueux des créateurs,
tels Ian Falconer, Michel Van Zeveren
ou encore Philippe Corentin, un maître
en ce domaine, qui aime affirmer :
*« Il faut réveiller les enfants avec
des histoires qui les font rire. »*

FAIRE DÉCOUVRIR LE MONDE

LES ENFANTS D'AUJOURD'HUI SONT PLUS QUE JAMAIS DES CITOYENS DE LA TERRE : MONDIALISATION, FACILITÉ À VOYAGER, DIFFUSION DES INFORMATIONS ET DES IMAGES... POURTANT, NUL NE DIT MIEUX QU'UN LIVRE CE QU'EST LE VOYAGE ET NE FAIT MIEUX RÊVER À L'AILLEURS. On peut donc préparer son voyage, grâce à des collections ou à des livres qui donnent tous les repères nécessaires aux enfants pour appréhender un pays. Mais on peut aussi simplement rêver de nouveaux espaces grâce aux récits et aux illustrations de créateurs étrangers ou français issus de pays étrangers. La littérature comme une invitation au voyage, cela commence dès le plus jeune âge !

Voici le plus grand magasin du monde : Macy's dans la 5e Avenue...

... et voici l'un des plus petits.

Car, si New York bat tous les records de grandeur, on y trouve aussi des choses de proportions plus modestes.

L'hôtel de ville, par exemple, minuscule au pied des gratte-ciel.

18

19

*COLLECTION MIROSLAV SASEK 4+

Admirable série du créateur tchèque Miroslav Sasek publiée dans les années 1960. Le style des images, proche de l'affiche, fait un très bel usage des couleurs. Les représentations des édifices s'y trouvent très détaillées tandis que les personnages sont eux presque caricaturés. L'ensemble offre des images intemporelles au style graphique d'une grande modernité. Le point de vue complet, original, n'oubliant aucun petit détail, regorgeant d'humour et de poésie, que ces albums offrent sur une ville, font qu'ils demeurent d'excellents ouvrages toujours d'actualité. En effet, même si bien des informations factuelles peuvent

être obsolètes (monuments n'existant par encore, ou plus, ou les deux : par exemple le World Trade Center non encore édifié au moment de la publication et qui, pour les raisons que l'on sait, se trouve détruit au moment de la réédition), l'ambiance de la ville, ses caractéristiques profondes y sont remarquablement déployées au sein d'albums riches et féconds qui prennent en compte avec beaucoup d'empathie le point de vue de l'enfant. Les titres de la collection : Hong Kong, Londres, New York, Paris, Rome, San Francisco, Venise, et Israël, ce dernier titre étant un peu à part, car consacré à un pays tout entier, très centré sur les paysages, et d'inspiration biblique dans les contenus.

Casterman

* VUES D'ICI 0+
Ⓐ FANI MARCEAU Ⓘ JOËLLE JOLIVET

Superbe panorama cartonné
en forme de paravent qui enchaîne
des paysages du monde entier
(vus de jour et de nuit),
légendés et présentés
par une ligne de texte versifié.

Naïve - 2007 - EAN 9782350211350

* LE TOUR DU MONDE DE MOUK 2+
Ⓐ MARC BOUTAVANT

Le tour du monde de l'attachant
Mouk est l'occasion d'explorer
les quatre coins de la planète grâce
à de grandes pages fourmillantes
de détails, d'histoires, d'anecdotes,
de faits de langues. L'ensemble est
très coloré et respire la joie de vivre.
La densité des pages permet plusieurs niveaux de lecture.

Albin Michel Jeunesse - 2007 - EAN 9782226149343

* APOUTSIAK, LE PETIT FLOCON DE NEIGE 4+
Ⓐ PAUL-ÉMILE VICTOR

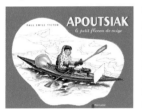

C'est toute la vie d'un
esquimau du Groenland
que nous raconte Paul-Émile
Victor, avec ses talents croisés
d'explorateur, de dessinateur
et de conteur. La précision
dans la description
des activités et des objets
du quotidien n'empêche nullement la tendresse et la poésie.

Flammarion - Père Castor - 1997 (1948) - EAN 9782081604452

* JE NE VAIS PAS PLEURER 4+
Ⓐ CHEN JIANG HONG

Bïn Bïn accompagne ses parents
au marché, où il se perd, ce qui
lui vaut une large exploration
des stands, que le lecteur attentif
observe avec lui : troupe d'opéra,
vendeur de lanternes, marchand
de brioches, réparateur de vélos,
marionnettistes. Les encres
généreuses et le trait précis de Chen Jiang Hong magnifient
cette belle découverte de la Chine du quotidien.

L'École des Loisirs - Archimède - 1998 - * EAN 9782211049177

* MADLENKA 4+
Ⓐ PETER SIS

La petite Madlenka perd sa dent et
veut l'annoncer à tout le quartier.
Comme elle vit à New York, ville
cosmopolite par excellence, le tour
du quartier s'apparente à un tour
du monde. Et tous les voisins d'ouvrir
grandes les portes de leur quotidien,
de leur histoire, de leur folklore
et de leur imaginaire dans de superbes séquences sans textes.
Un album attachant.

Grasset Jeunesse - 2000 - EAN 9782246602316

* SEPT MILLIARDS DE VISAGES 4+
Ⓐ PETER SPIER

Qu'est-ce qui me différencie des autres ?
Comment vit-on aux quatre coins du
monde ? Peter Spier offre un ouvrage
dense, très richement illustré, en détails
et en informations, pédagogique et
passionnant pour découvrir les autres
cultures. Un livre rare qui accompagne
l'enfant durablement.

L'École des Loisirs - (1981) - * EAN 9782211097789

* TOUR DE TERRE EN POÉSIE 4+
Ⓐ JEAN-MARIE HENRY Ⓘ MIREILLE VAUTIER

Recueil d'une cinquantaine
de poèmes du monde entier,
chacun étant présenté dans
sa langue d'origine et en
français. Des poèmes pour
dire le caractère universel
des grandes questions
qui agitent le monde.

Rue du Monde - 1998 - EAN 9782912084095

* COLLECTION LES CISEAUX MIGRATEURS 4+
Ⓐ LES TIGRES GAUCHERS

Une série de livres
d'activités pour
découvrir d'autres
cultures : Comme
un Maharajah,
Comme une Touareg
et Comme un Tsigane
sont les premiers
titres. Conçus par les Tigres gauchers et illustrés par différents
illustrateurs, ces livres, aussi ludiques qu'esthétiques, s'épargnent
les clichés tout en suscitant le rêve et le dépaysement.

JBZ & Cie - 2011

Je voudrais un livre pour...

Faire découvrir Le monde

✱ un, DEUX, TROIS... DANS L'ARBRE! 0+

Ⓐ ANUSHKA RAVISHANKAR - SIRISH RAO Ⓘ DURGA BAI

Un album à compter, soutenu par un texte au rythme maîtrisé qui permet de découvrir l'art Gond du centre de l'Inde.

Actes Sud Junior - 2006 - EAN 9782742759163

✱ quatre points et demi 2+

Ⓐ SEOK-JUNG YUN Ⓘ TOUNGKYUNG LEE

Des courses à pas et à temps comptés pour cette petite Coréenne qui nous fait découvrir son quotidien.

Picquier Jeunesse - 2009 - EAN 9782877308915

✱ L'afrique De zigomar 4+

Ⓐ PHILIPPE CORENTIN

Point d'exploration de l'Afrique pour nos personnages ayant pris par erreur la direction du pôle Nord. Mais un éloge plein d'humour du voyage.

L'École des Loisirs - 1990 - * EAN 9782211037204

✱ mes images DU Japon 4+

Ⓐ ETSUKO WATANABE

Des illustrations colorées, détaillées, très précises pour décrire la vie japonaise au quotidien, mais aussi les fêtes et les grands moments importants.

Sorbier - Mes images du monde - 2007
EAN 9782732038797

✱ mon imagier CHinois 4+

Ⓐ CATHERINE LOUIS

Petit voyage en Chine par le biais de sa calligraphie et des images du quotidien.

Picquier Jeunesse - 2004 - EAN 9782877307338

✱ La pêche à la marmite 4+

Ⓐ DOMINIQUE MWANKUMI

Le quotidien du jeune Kumi, habitant des rives du Kasaï au Congo, entre dureté de la pêche et joies de la fête. Des illustrations lumineuses, un texte juste, par un auteur qui a vécu son enfance en Afrique.

L'École des Loisirs - Lutin poche - (1998)
EAN 9782211056199

✱ L'enfant qui mangeait Des margouillats 4+

Ⓐ MERCÉ LOPEZ

Du salon de coiffure de Fatou à l'aéroport de Ouagadougou en passant par le désert des Touaregs, la quête de sens du jeune Thiekoro. Belle mise en pages.

Kaléidoscope - 2009 - EAN 9782877676373

✱ Le taxi-brousse De papa Diop 4+

Ⓐ CHRISTIAN EPANYA

Un taxi-brousse comme le centre du monde africain : mariages, naissances, enterrements et fêtes rendus par des images chatoyantes et dansantes.

Syros - 2005 - EAN 9782748502795

✱ Le trésor De monsieur okamoto 4+

Ⓐ MURIEL CARMINATI Ⓘ OLIVIER DESVAUX

Une histoire symbolique comme un conte, dépaysante comme un récit illustré qui réconcilie figures modernes et traditionnelles du Japon. Attaché aux aventures des deux jeunes frère et sœur, le lecteur est entraîné dans ce beau récit.

Picquier Jeunesse - 2010 - EAN 9782809701838

✱ ce JOUR-Là 6+

Ⓐ MITSUMASA ANNO

Un album entièrement sans texte, pour observer le cheminement d'un personnage à cheval dans des décors aux multiples références culturelles.

L'École des Loisirs - 1978 - EAN 9782211047159

✱ Je serai les yeux De la terre 6+

Ⓐ ALAIN SERRES Ⓘ AGENCE ALTITUDE, ZAÜ

À mi-chemin entre la poésie et l'information documentaire, le texte permet le lien entre les sompteuses photos de l'Agence Altitude (Yann Arthus-Bertrand) et les dessins de Zaü qui réalise, aux pinceaux, de magnifiques jeux d'échos très variés.

Rue du Monde - Pas comme les autres - 2007
EAN 9782355040494

✱ maman DLO 6+

Ⓐ ALEX GODARD

Un bel album, profond, dans la chaleur et les couleurs de la Martinique, pour parler de la souffrance de Cécette qui vit éloignée de sa mère partie en métropole chercher du travail après la disparition en mer de son mari.

Albin Michel Jeunesse - 1998 - EAN 9782226090799

✱ yakouba 6+

Ⓐ THIERRY DEDIEU

Une chasse au lion est le moment d'une grande leçon de vie pour Yakouba. De belles et amples illustrations en noir et blanc qui portent leur propre vision de cette histoire se déroulant dans la savane africaine.

Seuil Jeunesse - 1994 - EAN 9782020214780

✱ collection petits voyageurs en espagne 4+

Une collection de guides de voyages pour enfants. Malheureusement, seul celui à destination de l'Espagne reste disponible.

Mila éditions Petits voyageurs - 2000
EAN 9782840062208

66

POUR REBONDIR

✱ mon premier atlas magnétique 6+

Ⓐ TONY POTTER
Ⓘ RICHARD FOWLER
Un livre aussi ludique qu'informatif grâce aux figurines magnétiques qui peuvent être déplacées.
Albin Michel Jeunesse - 2007 - EAN 9782226177728

✱ mon premier tour du monde l'atlas des 5-8 ans 4+

Ⓘ COLLECTIF
Un atlas très détaillé qui présente un système de calques permettant de superposer les informations sur les cartes.
Milan Jeunesse - 2002 - EAN 9782745906458

à VOIR EN BIBLIOTHÈQUE

✱ DANS LE BROUILLARD DE MILAN 2+

Ⓐ BRUNO MUNARI
L'un des meilleurs albums du grand artiste italien. Jouant d'abord de la semi transparence des feuilles de calque, il perd littéralement son lecteur dans le brouillard de la ville pour l'emmener ensuite dans l'univers coloré et ludique d'un cirque où il multiplie les jeux de découpes et de fenêtres dans des papiers de couleur, pour le faire revenir enfin dans les espaces naturels inscrits sur calque, comme une manière de sortir du livre en douceur. Une expérience sensorielle rare, pour un livre que l'on voudrait tant revoir en librairie.
Seuil Jeunesse - 2000

ET AUSSI...

✱ L'escalier où le chat m'attend 4+

Ⓐ SANG-HUI YI Ⓘ HYE-JEONG TAK
Un album coréen qui prend le temps de nous faire ressentir toutes sortes de sensations et de petites choses qui font la poésie de la vie au quotidien.
Picquier Jeunesse - 2008 - EAN 9782809700442

✱ La tempête 4+

Ⓐ FLORENCE SEYVOS Ⓘ CLAUDE PONTI
Quand on a bravé la tempête, dompté sa peur, rassemblé des vivres, quand on s'est concentré sur l'essentiel, ne reste plus qu'à… voyager !
L'École des Loisirs - 1993 - * EAN 9782211010931

✱ ma maison en Corée 4+

Ⓐ YOON-DUCK KWON
L'organisation d'une maison en Corée, vue par les yeux d'un enfant : l'univers du jeu, de la cuisine, les activités simples, le mélange de tradition et de modernité.
Sorbier - Les Ethniques - 2008 - EAN 9782732039091

✱ un mercredi à Brooklyn 4+

Ⓐ EMILY JENKINS Ⓘ LAUREN CASTILLO
Une journée du quotidien d'une petite New-yorkaise. Une vie colorée, pleine d'affection, d'activités et de culture entre boutiques de quartier, parc, piscine et bibliothèque.
Sorbier - Les Ethniques - 2008 - EAN 9782732039008

✱ aglaé en Inde - et j'ai eu 5 ans 4+

Ⓐ ISABELLE JARRY Ⓘ WILLIAM WILSON
Le carnet de voyage d'une petite fille qui a séjourné en Inde. Un album coloré, chatoyant, informé : une belle plongée au cœur de l'Inde du Sud.
Jalan Publications - 2004 - EAN 9782849660086

✱ Le rêve de Mia 6+

Ⓐ MICHAEL FOREMAN
Le futur plein d'espoir d'une petite fille pauvre de la cordillère des Andes. Des illustrations gracieuses pour un récit très informatif.
Gallimard Jeunesse - 2007 - EAN 9782070610518

REGARD CRITIQUE

Il existe dans le livre pour enfants une réelle tradition du documentaire sur la vie des enfants du monde. Du moins, depuis les années 1940, car avant cela, tous les peuples non occidentaux étaient trop méprisés pour être mis à l'honneur. La collection *« Enfants de la terre »*, lancée avec *Apoutsiak, le petit flocon de neige*, a offert de riches observations de la manière de vivre des enfants d'ailleurs. Dans les années 1950, ce sont de réels reportages photographiques qui sont proposés aux jeunes lecteurs francophones grâce à la collection *« Les Enfants du Monde »*, chez Nathan. En passant, par le biais du livre, une journée avec un enfant de Mongolie, du Brésil ou d'Afrique, **c'est toute une fraternité littéraire qui s'est construite au fil des générations.**

à FAIRE

Lire en langue étrangère, et pas seulement l'anglais, grâce aux albums qui peuvent être importés. **Les bibliothèques ont très souvent un fond de livres étrangers dans leurs éditions originales, qui permettent de solliciter la famille, des amis ou des voisins pour la lecture en version originale.** Voir les fascicules *Lire en VO* édités par la Joie par les livres, Centre National de la Littérature pour la Jeunesse - BNF (voir contacts page 109).

↝ ATTENDRE NOËL

NOËL EST L'UN DES TEMPS LES PLUS IMPORTANTS DE L'ANNÉE POUR LES ENFANTS. Les livres les accompagneront tout aussi bien pour marquer l'attente de repères que pour construire jour après jour une atmosphère susceptible de faire de cet événement annuel un moment exceptionnel. Les ouvrages consacrés à Noël qu'ils soient somptueux, humoristiques, réalistes ou tout simplement tendres et chaleureux, construisent dans l'imaginaire des jeunes lecteurs ce qu'il est convenu d'appeler la magie de Noël.

Le train était plein d'enfants, tous en pyjamas et en chemises de nuit. Nous chantâmes des cantiques de Noël et mangeâmes des bonbons au cœur de nougat blanc comme neige. Nous bûmes du chocolat chaud épais et riche comme des barres de chocolat fondues. Dehors, les lumières des villes et des villages clignotaient au loin tandis que le Boréal-Express fonçait vers le nord.

BORÉAL-EXPRESS 4+

CHRIS VAN ALLSBURG

Boréal-Express est l'album de Noël par excellence. Il met en scène l'extraordinaire aventure d'un jeune garçon qu'un train magique vient prendre à son domicile pour le transporter, en compagnie d'autres enfants, comme lui, en pyjama, à destination du pôle Nord, où ils assisteront à la grande cérémonie du premier cadeau de Noël décerné par le Père Noël en personne. Le texte retrace cette aventure avec efficacité et élégance. L'usage du passé simple est assez rare pour être souligné. Il donne au texte toute sa profondeur et soutient son caractère magique

« Nous traversâmes des forêts froides et sombres où des loups efflanqués rôdaient, et des lapins à la queue blanche se cachaient à l'approche de notre train qui traversait dans un bruit de tonnerre l'immensité silencieuse. » Mais ce sont les illustrations de Chris

Van Allsburg s'étalant sur la double-page qui produisent l'effet le plus durable sur le lecteur. L'illustrateur combine en effet, dans un style inégalé, hyperréalisme et féerie. Très photographiques, multipliant les points de vue cinématographiques, les images sont traitées avec le velouté et la rugosité du pastel. Teintes chaudes des intérieurs mises en contrastes avec le bleu et le vert de la nuit et des paysages neigeux, certaines de ces images poursuivent longtemps leur lecteur. Cet album s'adresse tout particulièrement aux enfants pour lesquels, en grandissant, le doute s'installe. Assurément, les moyens déployés par l'auteur devraient les amener, comme le héros, à continuer d'entendre pour quelque temps encore les clochettes tintinnabulantes du traîneau du Père Noël !

L'École des loisirs - 1986 - EAN 9782211033169

✻ JOYEUX NOËL OLLIE 0+
Ⓐ OLIVIER DUNREA

Pour les tout-petits ayant du mal à attendre le Père Noël, un album subtil et bien construit qui retranscrit aussi bien par le texte que par l'image, avec un humour très tendre et très juste, l'impatience du tout jeune Ollie qui se tourne et se retourne, interroge les uns et les autres, bref qui « attend »… « Et attend » !

Kaléidoscope - 2008 - EAN 9782877675710

✻ JOYEUX NOËL, PÉNÉLOPE 2+
Ⓐ ANNE GUTMAN Ⓘ GEORG HALLENSLEBEN

Petites bêtises et maladresses qui sont la marque de fabrique de la sympathique héroïne apportent beaucoup de détente dans un univers néanmoins magique. Ce pop-up aux animations inventives et aux pages colorées est une grande réussite.

Gallimard Jeunesse - 2004 - EAN 9782070558384

✻ MICHKA 2+
Ⓐ MARIE COLMONT Ⓘ FEODOR ROJANKOVSKY

La nuit de Noël, un ours en peluche s'anime, part en forêt et rencontre un renne qu'il aide dans sa distribution de cadeaux. À la dernière maison, celle d'un petit garçon malade, Michka s'offre lui-même en cadeau à celui qui n'avait rien. Cet album datant de 1941 a déjà marqué bien des générations, notamment grâce aux superbes images de Rojankovsky qui persistent durablement dans nos souvenirs.

Flammarion - 2009 (1941) - EAN 9782081220997

✻ OLIVIA PRÉPARE NOËL 2+
Ⓐ IAN FALCONER

Un Noël classique : famille, sapin, dîner, chants, neige, cadeaux… littéralement dynamité par Olivia, l'attachante héroïne, suractive et impertinente, de cette irremplaçable série. Grâce au jeu des rabats, à la richesse des scènes secondaires et surtout à l'humour et à la virtuosité du trait de Ian Falconer, ce Noël-là sera tout à la fois familier et décoiffant.

Seuil Jeunesse - 2008 - EAN 9782020981781

✻ NOËL POUR TOUS 2+
Ⓐ ANTOINE GUILLOPPÉ

Le traditionnel récit de la nuit de Noël se trouve ici revisité avec talent par Antoine Guilloppé. L'élégance du noir et blanc est dynamisé par de belles inventions graphiques agrémentées de touches de couleurs et de paillettes disséminées sur les pages. Le titre porte bien son nom et démontre que l'on peut concilier la magie de Noël avec l'innovation et l'humour.

Glénat Junior Vitamine - 2008 - EAN 9782723466110

✻ TROIS PETITS NOËLS 2+
Ⓐ AKIKO HAYASHI

Un admirable petit coffret qui recueille 3 petits albums. Dans chacun d'eux, l'un des 3 enfants d'une fratrie se trouve successivement être le héros. En fonction de l'âge de l'enfant, les histoires de Noël varient, mais toutes sont débordantes de tendresse et de fantaisie mêlées. Un coffret beau et attachant comme un authentique cadeau de Noël.

L'École des Loisirs - 1988 - EAN 9782211013086

✻ BABAR ET LE PÈRE NOËL 4+
Ⓐ JEAN DE BRUNHOFF

Le roi Babar part à PRJMNESTWE (!), la ville du Père Noël, pour lui demander de venir au pays des éléphants. Ce long récit, très varié, regorge de mémorables épisodes : la tempête de neige, la machine volante, ou la vue en coupe de la maison du Père Noël… Le don de son costume à Babar fournit de plus une explication bien poétique de la révélation à laquelle les jeunes lecteurs se retrouveront inexorablement confrontés un jour.

L'École des Loisirs - Lutin poche - 1982 (1941) - EAN 9782211094900

✻ LA MYSTÉRIEUSE NUIT DE NOËL 4+
Ⓐ CLEMENT CLARKE MOORE Ⓘ NIROOT PUTTAPIPAT

Sur un texte de 1822 ayant connu maintes variations, cette édition fait preuve d'une grande élégance grâce à des illustrations en ombres chinoises recourant aux seuls noir, vert, rouge et doré. Subtils jeux de caches et de trompe-l'œil, délicatesse du texte (le Père Noël « s'envola avec grâce ») nous conduisent vers un superbe final en sculpture de papier. Du bel ouvrage pour l'un des plus grands classiques de Noël.

Milan Jeunesse - 2007 - EAN 9782745928603

JE VOUDRAIS UN LIVRE POUR...

attendre noël

* coucou père noël 0+

Ⓐ KIMIKO
*Les scènes en diorama aux jolies
paysages neigeux peuplés de
petits personnages colorés feront
sans nul doute le bonheur des plus petits.*

L'École des Loisirs - Loulou et Compagnie - 2003
EAN 9782211071058

* le premier noël de spot 0+

Ⓐ ERIC HILL
*Images très lisibles et surprises
derrière les rabats : un album
agréable pour attendre Noël
avec les tout-petits.*

Nathan Jeunesse - 2008 - EAN 9782092713037

* emma et le cadeau de noël 2+

Ⓐ SUSIE MORGENSTERN
Ⓘ SÉVERINE CORDIER
*Un album bien sympathique
pour passer Noël au plus près
du quotidien d'une petite fille inventive.*

Nathan - 2009 - EAN 9782092523346

* le noël de petit lapin 2+

Ⓐ HARRY HORSE
*Tendresse, aventure, astuces
et amitié au programme
d'un Noël tout doux.*

Pastel - 2008 - EAN 9782211090520

* la robe de noël 2+

Ⓐ SATOMI ICHIKAWA
*Une belle fable de Noël mettant
en scène des sapins dans la forêt.
Pour une prise de conscience
non dénuée de magie.*

L'École des loisirs - 1999 - * EAN 9782211055666

* le sapin de noël 2+

Ⓐ GABRIELLE VINCENT
*Générosité, amour filial,
lumières, sens de la fête
et du partage entre amis
et voisins, tout est là, dans un album d'une
grande tendresse profondément original.*

Casterman Les petits Duculot - 2003 - EAN
9782203525142

* une surprise pour noël 2+

Ⓐ KATE BANKS
Ⓘ GEORG HALLENSLEBEN
*Un très bel album, au texte
ciselé et aux images aussi
chaleureuses qu'originales.*

Gallimard Jeunesse - 2009 EAN 9782070626359

* le dictionnaire du père noël 4+

Ⓐ GRÉGOIRE SOLOTAREFF
*Drôle, impertinent
et inventif, un Noël de A à Z.*

Gallimard Jeunesse - 1999 - EAN 9782070565986

* le goûter de noël 4+

Ⓐ MAGALI BONNIOL
*Une histoire de Noël
rocambolesque où péripéties
et humour ne rivalisent qu'avec
chaleur et amitié.*

L'École des Loisirs - 2002 - EAN 9782211069526

* le livre des cadeaux extraordinaires 4+

**Ⓘ NATHALIE CHOUX -
MANDANA SADAT - ÉLISA
GÉHIN - RÉMI SAILLARD**
*« Un chien énorme qui peut te
porter sur son dos » ou « Une table de nuit
avaleuse de monstres » sont quelques-uns
des cadeaux à rêver de cet « incroyable
catalogue ».*

Syros Jeunesse - 2010 - EAN 9782748510300

* le livre surprise du père noël 4+

Ⓐ ALAN SNOW
*Sous la forme du documentaire
imaginaire, un livre animé
plein d'humour avec des
animations très ludiques.*

Nathan Jeunesse - 2010 - EAN 9782092529010

* le sapin 4+

Ⓐ DELPHINE CHEDRU
*Un petit album sans texte très
simple qui exprime avec une
grande émotion l'émerveillement
d'une petite fille au pied du sapin.*

Naïve - 2008 - EAN 9782350211703

* un ange au balcon 6+

Ⓐ HORTENSE CORTEX
*Un petit roman sans images.
Quand un ange vient sauver
le Noël d'une petite fille attristée
par la séparation de ses parents.*

Thierry Magnier - Petite Poche - 2003
EAN 9782844202624

* la plus belle nuit de noël 6+

Ⓐ SOPHIE BEAUDE
Ⓘ JÉRÔME RUILLIER
*Qui cherche le Père Noël
trouve un renne majestueux
dans les forêts du Nord.*

Autrement Jeunesse - 2003 - EAN 9782746704099

* le père noël dans tous ses états 6+

Ⓐ VALÉRIE DAYRE
Ⓘ YANN FASTIER
*La magie de Noël est certes loin
mais sa dure réalité n'en est pas
moins terriblement touchante. Un album fort
et original.*

L'Atelier du Poisson soluble - 2009
EAN 9782913741959

* le sapin 6+

Ⓐ HANS CHRISTIAN ANDERSEN
Ⓘ MARC BOUTAVANT
*Le destin mélancolique d'un sapin
de Noël vu par Andersen et revu par
la délicate inventivité d'un Marc Boutavant.*

Nathan - 2008 - EAN 9782092521052

* sacré père noël 6+

Ⓐ RAYMOND BRIGGS
*Très proche de la bande dessinée,
cet album au texte économe mais
aux images fourmillantes, retrace
par le menu la journée et la nuit du Père Noël.*

Grassert Jeunesse - 1977 - EAN 9782246001188

70

✱ POUR REBONDIR

✱ IL NEIGE 2+

Ⓐ URI SHULEVITZ
*Un superbe album d'hiver
par l'un des maîtres
des livres pour enfants.*

Kaléidoscope - 1998 - EAN 9782877672492

✱ LE LIVRE DE NOËL 6+

Ⓐ SELMA LAGERLÖF
*Par l'auteur de Nils Olgerson,
huit récits de noël inspirés
de légendes suédoises.*

Actes Sud - 2007 - EAN 9782742771034

✱ APRÈS NOËL 4+

Ⓐ BEATRICE ALEMAGNA
*Un album pour partager
la mélancolie mais aussi
les promesses d'avenir
de l'après-Noël.*

Autrement Jeunesse - 2001 - EAN 9782746701545

✱ LE PRINCE AMOUREUX 6+

Ⓐ MICHAEL MORPURGO
Ⓘ EMMA CHICHESTER CLARK
*Ample et poétique conte de Noël
empli de paysages neigeux,
de princes et de princesses.*

Gallimard Jeunesse - 2009 - EAN 9782070625949

✱ à VOIR EN BIBLIOTHÈQUE

✱ C'ÉTAIT L'HIVER 2+

Ⓐ AOI HUBER-KONO
*Cet album très graphique
ne traite pas de Noël mais
de ses paysages enneigés
et ses touchantes représentations d'animaux
ne sont pas à manquer dans la période.*

Éditions du Panama - 2005

✱ JOYEUX NOËL 0+

Ⓐ ROBERT SABUDA
*Sur de beaux fonds colorés
surgissent à chaque double-
page des sculptures de papier
blanc agrémentées de touches
argentées ou dorées, excepté pour le Père
Noël final, de rouge et de blanc vêtu. Robert
Sabuda, le maître du pop-up, grâce aux sujets
représentés (une étoile, un ange, un ruban), à la
finesse des découpes et à l'ingéniosité de leur
déploiement, plonge délicieusement le lecteur
de tout âge au cœur de la magie de Noël.*

Gallimard Jeunesse - 2006 - EAN 9782070576937

✱ ET AUSSI...

✱ CHER PÈRE NOËL 0+
Ⓐ JEANNE ASHBÉ
L'École des loisirs - 1998 - EAN 9782211048798

✱ PETITE ÉTOILE EN FAMILLE 2+
Ⓐ LIONEL KOECHLIN
Gallimard Jeunesse - 2008 - EAN 9782070618354

✱ LE NOËL DE BALTHAZAR 2+
Ⓐ EMMA KELLY - MARIE HÉLÈNE PLACE
Ⓘ CAROLINE FONTAINE-RIQUIER
Hatier - 2006 - EAN 9782218754592

✱ LA LETTRE DU PÈRE NOËL 2+
Ⓐ YUKIKO TANNO Ⓘ MAKO TARUISHI
L'École des loisirs - 2000 - EAN 9782211101948

✱ LE TACALOGUE DE JOUETS 4+
Ⓐ NATHALIE LÉTÉ
Thierry Magnier - 2006 - EAN 9782844204767

✱ PÈRE NOËL M'A ÉCRIT 4+
Ⓐ CARL NORAC Ⓘ KITTY CROWTHER
Pastel - 2001 - EAN 9782211060854

✱ LES VACHES DE NOËL 4+
Ⓐ ANNE-ISABELLE LE THOUZÉ
Didier Jeunesse - 1998 - EAN 9782278064770

✱ LES RENNES DE NOËL 4+
Ⓐ THIERRY DEDIEU
Seuil Jeunesse - 2005 - EAN 9782020821759

✱ LE SAPIN DE MONSIEUR JACOBI 4+
Ⓐ ROBERT BARRY
Gallimard Jeunesse - 1963 - EAN 9782070547975

✱ LE CADEAU DE NOËL DE GASTON GRIPPEMINE 4+
Ⓐ JOHN BURNINGHAM
Flammarion - Père Castor - 1993 - EAN 9782081608499

✱ LE PÈRE NOËL ET LES FOURMIS 4+
Ⓐ PHILIPPE CORENTIN
L'École des loisirs - 1989 - EAN 9782211047685

REGARD CRITIQUE

Alors qu'il y a seulement 10 ans, sur le thème de Noël, n'étaient, *grosso modo*, disponibles sur le marché qu'un nombre restreint de classiques ou des publications très commerciales, la production a depuis très largement évolué pour offrir désormais un très large choix. Au cours des années 1990, des auteurs comme **Grégoire Solotareff** ou **Philippe Corentin** ont d'abord levé quelques tabous et pratiqué l'humour noir. Aujourd'hui la magie de Noël s'assume pleinement y compris dans des productions aux allures très contemporaines. De plus, les progrès techniques permettent d'intégrer facilement des sculptures de papier, des paillettes et autres aplats dorés qui, il faut bien l'avouer, contribuent, lorsqu'ils sont intelligemment distillés, au charme indéniable de ces titres.

à FAIRE

Ne pas oublier de se rendre au **Salon du livre et de la presse de jeunesse de Montreuil** ou dans tout autre salon d'ampleur régionale à partir de la mi-novembre. En plus de tout l'intérêt que représentent de tels salons, vous pourrez y consulter à loisir toutes les nouveautés de Noël, temps fort de l'actualité éditoriale pour la jeunesse.

LIVRES ET LECTURE
en famille

Voici une famille de passionnés de lecture dans laquelle on lit de tout : des romans, mais aussi des bandes dessinées, des beaux-livres, des magazines, la presse quotidienne… Laurent et Agnès, les parents, ont de tout temps mis la lecture en tête de leurs loisirs préférés. Un goût transmis à leurs deux garçons, Aurélien (12 ans) et Léo (6 ans). Importance de la lecture du soir, moments de pause lecture en famille le week-end, livres partagés, ils nous disent tout de leur passion.

agnès

J'attache plus d'importance au plaisir de lire qu'à la lecture en tant que telle. Probablement parce que la lecture a une place particulière dans ma vie. C'est le plus bel héritage de mes parents. Je suis convaincue que le plaisir de li n'est jamais bien loin du plaisir d'apprendre. L lecture est le seul outil puissant que j'ai trouve qui m'offre de toujours m'ouvrir au monde, aux autres et à mieux me connaître. J'aimera que mes enfants héritent de ce plaisir, d'où l'importance pour moi de les accompagner da leur découverte des livres.

DRÔLE DE NOËL POUR MINI-LOUP
PHILIPPE MATTER

...ès : « Il y a quelque chose de très mystérieux pour moi dans ...goûts des enfants pour tel ou tel livre. Par exemple, Léo ...jamais voulu que je lui lise l'histoire de *La petite taupe qui ...fait savoir qui lui avait fait sur la tête*. Pourtant, il reconnaît ... image et place le livre parmi ses préférés ! Sûrement l'a-t-il ... l'école ? Ses refus m'en apprennent autant sur lui que ses ...x positifs. J'ai tendance à penser que la lecture m'offre ...casion de mieux connaître mes enfants. »

... « Maman n'aime pas trop *Mini-Loup*, mais moi, j'adore les ...ges, je les trouve drôles ».

...ction Hachette Jeunesse - Hachette livre - 2000

HULUL ET COMPAGNIE
ARNOLD LOBEL

...nd il était enfant, Laurent adorait les livres d'Arnold ...el. Une passion suivie par Léo et Aurélien lequel, encore ...urd'hui, accepte sans condition le brossage des dents ...médiat, le rangement de ses affaires dans la foulée et la ...paration de son cartable pour le lendemain pourvu pour ...on lui accorde d'écouter avec son petit frère la 150ᵉ lecture ...*Porculus* et de s'exclamer en chœur avec lui « *Dans la bonne ...e si douce !* »

...le des Loisirs - 2001

COLLECTION LIVRES TRANSPORTS

...ès : « J'essaye toujours d'accompagner son actualité. Par ...mple, il y a eu la période (terriblement longue à mon goût !), ...qu'il était petit, des livres sur les transports : trains, voitures, ...ions, engins de chantier, tout y est passé… Léo les adore et ...est pas question de les enlever de sa bibliothèque ! »

UN MONDE DE COCHONS
MARIO RAMOS

...ès : « Tous les soirs Léo me demande de lire un livre. ...ématiquement il y a une négociation sur le nombre de ...s. Je laisse Léo donner la fourchette haute et je propose la ...chette basse. Il cherche donc le compromis que j'accepte ...ours. Régulièrement pour le surprendre je renchéris sur la ...chette haute ! Lorsque c'est un livre un peu long, on négocie ...ombre de chapitres. »

... « Oui, mais dans *Un monde de cochons*, parfois, la lecture ...rête juste avant que Fanfan n'arrive dans la maison de Louis. ...'aime pas laisser le petit cochon tout seul dans la forêt. »

...el - 2007

TOUS LES LIVRES PRÉFÉRÉS DE LÉO

LÉO aime par-dessus tout lorsque toute la famille s'installe sur son lit pour lire ensemble un grand album. Celui qu'il préfère ? *Blaise et le château d'Anne Hiversère* (Claude Ponti, L'École des Loisirs, 2004). C'est Léo qui a montré à toute la famille l'image à secret de la vache. Et c'est encore lui qui a compris le premier ce que voulait dire « *Métantan-Skontdi* » et « *Métébouché* » ! Par contre, la concurrence est rude quand c'est à qui retrouvera le premier un personnage donné sur la grande page de la fête d'anniversaire !

« Brrrr… comme il fait sombre et humide.
Si je me perds ici,
personne ne me retrouvera jamais ! »
Tout à coup, crac ! une branche casse.
Fanfan regarde autour de lui :
« Y'a quelqu'un ? »
Seul le vent dans les feuilles lui répond.
« J'espère qu'ils ne m'ont pas suivi… »
pense Fanfan en accélérant le pas.

POURRIEZ-VOUS ME RECOM-MANDER.

QUELQUES MOTS
SUR LES TYPES DE LIVRES

LES ALBUMS, LES BANDES DESSINÉES, LES PETITS ROMANS ET MÊME LES LIVRES ANIMÉS
SONT DIRECTEMENT INTÉGRÉS DANS LES SÉLECTIONS DE CE LIVRE.

Il s'agit de supports particuliers de lecture, qui ont chacun leurs spécificités, mais qui, en soi, sont tous à même de raconter des histoires.

J'ai souhaité, même si l'on retrouve nombre d'entre eux dans les autres parties de ce livre, proposer des sélections pour certains types de livres qui font souvent l'objet de demandes particulières, que ce soit de la part des enfants ou de leurs parents.

Il en est ainsi des séries, des contes, des livres-disques, des livres-jeux et des livres d'art.

Les séries, ces formidables machines à générer de la lecture passionnée méritaient bien qu'on leur consacre quelques pages. Les contes, quant à eux, sont à ce point ancrés dans la tradition qu'ils sont souvent demandés, en tant que tels, par toutes les personnes qui souhaitent intéresser les enfants à l'un des fondements de notre culture commune.

Les livres à écouter ou les livres pour jouer sont tous deux particulièrement intéressants car ils permettent de varier le rapport au livre, sans compter les nombreux atouts qu'ils savent déployer pour s'attirer les faveurs de leurs jeunes lecteurs.

Les livres d'art, enfin, font partie de ces livres qui émerveillent et qui ouvrent l'enfant sur les arts et la culture.

On le comprend, diversifier les types de livres proposés à l'enfant permet d'élargir le champ des possibles et de l'ouvrir sur de nombreux domaines culturels.

POURRIEZ-VOUS ME RECOMMANDER...

~> UNE SÉRIE

UNE SÉRIE, C'EST D'ABORD UN LIVRE QUE L'ON A EU TELLEMENT DE PLAISIR À LIRE QU'ON SE RÉJOUIT D'EN LIRE UN AUTRE QUI LUI RESSEMBLE, PUIS ENCORE UN AUTRE.

Moteur essentiel du plaisir de lire, une série appelle la lecture, l'entraîne et, ce faisant, constitue un outil précieux pour motiver les enfants un peu rétifs ou, au contraire, nourrir les affamés de lecture ! Une série, c'est le confort rassurant de repères, qui, retrouvés de livre en livre, permettent de cheminer en terrain connu. Une série, c'est aussi une culture commune qui est une réelle base d'échanges entre enfants. Une série, c'est encore un héros ou une héroïne auquel, c'est l'évidence, on peut s'identifier, mais avec lequel on peut, aussi, fraterniser. Combien de ces héros avons-nous fait entrer dans nos familles, cités à tout va et eu bonheur à partager, en toute connivence, les aventures ?

 # ERNEST ET CÉLESTINE 4+

Ⓐ GABRIELLE VINCENT

Illustratrice de génie, malheureusement disparue en 2000, Gabrielle Vincent est la créatrice de la série *Ernest et Célestine*, dont le premier titre date de 1981. Un univers au charme suranné qui aborde pourtant de front toutes les préoccupations du monde contemporain, et ce, avec un immense respect pour le lecteur. Les récits, très ancrés dans le quotidien (sortir au musée, attraper des poux, perdre un doudou…), parviennent à atteindre une portée universelle par le caractère intemporel de leurs images et la concision du texte. Lequel sait d'ailleurs parfois s'effacer pour laisser l'image montrer ce qu'il est parfois difficile ou vain d'écrire. Et c'est alors une série d'images virtuoses qui suffit à exprimer des sentiments extrêmement puissants. La grande tendresse qui lie les deux personnages est un modèle qui dépasse d'ailleurs celui de la relation père-fille et peut s'étendre à toutes celles qui lient un enfant et un adulte. La dévotion d'Ernest pour la petite Célestine est exceptionnelle : la douceur avec laquelle il s'occupe d'elle, l'inventivité qu'il déploie pour lui faire plaisir, le réconfort qui est toujours présent nous touchent au plus haut point. Les valeurs de solidarité, de générosité, de respect développées dans cette série sont à ce point élevées que c'est à l'humanisme que Gabrielle Vincent initie ses lecteurs.

Casterman - Les albums Duculot

❋ L'âne TROTRO 🔵
Ⓐ BÉNÉDICTE GUETTIER

L'une des premières séries de bébé, exclusivement centrée sur la figure du petit âne Trotro. Un format en découpes, des images très lisibles, des textes courts. Une série colorée, à l'humour flirtant parfois avec l'impertinence. Trotro éveille et réveille !

Gallimard Jeunesse - Giboulées

❋ POMPON 🔵
Ⓐ IRIS DE MOÜY

D'épais livres cartonnés, un décor minimaliste, des figures bien cernées sur des aplats de couleurs denses, des textes simplissimes mais néanmoins agréables à l'oreille, cette série remplit bien les conditions d'un public de bébés. Mais elle a ce petit plus qui la rend déjà irremplaçable : du vécu, de la spontanéité et beaucoup de tendresse dans la relation de l'enfant et de son chien Pompon.

L'École des Loisirs

❋ OLIVIA 🟢
Ⓐ IAN FALCONER

Olivia est une héroïne impertinente, drôle, inventive et… autoritaire ! Derrière les apparences convenues d'une série, ces albums développent un sens aigu de l'absurde et de la fantaisie. Ian Falconer, dessinateur virtuose, nous convie à une véritable plongée au cœur d'une enfance tendre et créative qui relève d'un exceptionnel esprit de jeu. En dernier ressort, sous l'humour, redoutable, des relations familiales, pointe le bonheur d'une enfant aimée. Incontournable !

Seuil Jeunesse

❋ POKA ET MINE 🟢
Ⓐ KITTY CROWTHER

Insectes graciles, colorés et délicats, Poka l'adulte et Mine l'enfant sont saisis dans leur quotidien (au réveil, au cinéma, au jardin, au foot...), au cœur des petits bonheurs, répliques, attentions qui font aimer la vie. Les attitudes de la jeune Poka rassemblent en elle tout ce que l'enfance a d'universel. Cette série nous offre tout un monde de minuscules choses, tendres, attachantes et joyeuses. Absolument réjouissant.

Pastel

❋ QUICHON 🟢
Ⓐ ANAÏS VAUGELADE

Une famille de 73 enfants, même cochons, ce n'est pas banal. D'autant que l'auteur a l'ambition de faire un titre sur chacun ! Une série qui a des allures d'encyclopédie de la vie au quotidien. Humeurs, sentiments, jeux et inventions des enfants y sont sublimés par l'humour et le trait virtuose d'Anaïs Vaugelade. Et puis il y a la tendresse et la poésie qui baignent ces aventures familiales.

L'École des Loisirs

❋ PéNéLOPE 🟢
Ⓐ ANNE GUTMAN Ⓘ GEORG HALLENSLEBEN

Les situations quotidiennes dans lesquelles se trouve plongée l'attachante Pénélope deviennent toujours, de son point de vue, des aventures. C'est qu'à son âge, elle découvre beaucoup de choses ! Les images sont chaleureuses, colorées, lumineuses, enveloppantes pourrait-on dire, tandis que les textes sont toujours très dynamiques, d'un bon niveau, ce qui est maintenant assez rare. Enfin une série très grand public qui ne transige pas avec la qualité !

Gallimard Jeunesse

❋ TROMBOLINE ET FOULBAZAR 🟢
Ⓐ CLAUDE PONTI

Les biens nommés poussins Tromboline et Foulbazar sont des concentrés bruts de l'enfance : ils oscillent sans cesse entre douceur et impertinence, sagesse et bêtise, ennui et agitation. Les aventures ludiques de nos deux héros font quasiment de la série un guide pour l'imaginaire. L'une des séries les plus attachantes de maître Ponti.

L'École des Loisirs

❋ La FamiLLE SOURIS 🟠
Ⓐ KAZUO IWAMURA

Les enfants sont très sensibles au talent de l'illustrateur qui rend particulièrement vivante cette famille souris et sublime son quotidien par de somptueux décors toujours baignés d'une belle lumière. L'intérêt premier réside dans la foultitude de détails qui se dissimulent dans l'espace de la page. Le rapport à la nature, les valeurs d'entraide et de solidarité font que cette série accompagne durablement l'enfant.

L'École des Loisirs

79

UNE SÉRIE

MIFFY 0+

Ⓐ DICK BRUNA

On ne connaît pas de personnage plus simplement dessiné que Miffy et pourtant, c'est l'un des plus émouvants et des plus attachants héros de livres pour les tout-petits.

Tourbillon

DIDOU 0+

Ⓐ YVES GOT

Une bien sympathique série pour les tout-petits qui met en scène de manière simplissime les aventures du quotidien du lapin Didou.

Albin Michel Jeunesse

TOMMY 2+

Ⓐ ROTRAUT SUSANNE BERNER

Une série vraiment intéressante, modèle de simplicité et de fraîcheur, dont les images, regorgent de détails et de personnages secondaires, appellent de fructueuses relectures.

Seuil Jeunesse

DRÔLES DE PETITES BÊTES 2+

ANTOON KRINGS

Des images chaleureuses et colorées et un très bon travail d'édition pour cette série qui remporte un vif succès. Textes variables en fonction des titres.

Gallimard Jeunesse - Giboulées

ELMER 2+

Ⓐ DAVID McKEE

On ne présente plus l'éléphant multicolore, mais on continue à le recommander, pour ses belles illustrations et ses situations poétiques.

Kaléidoscope

GASPARD ET LISA 2+

Ⓐ ANNE GUTMAN
Ⓘ GEORG HALLENSLEBEN

Un univers coloré, tout à la fois chaleureux par ses images, et espiègle par ses situations et ses dialogues. Une série grand public de très bonne qualité.

Hachette Jeunesse

LA PETITE PRINCESSE 2+

Ⓐ TONY ROSS

Absurde, décalé, vivifiant, l'univers de la Petite Princesse nous séduit en même temps qu'il nous instruit.

Gallimard Jeunesse

PETIT LAPIN 2+

Ⓐ HARRY HORSE

Un univers charmant, doux, harmonieux, très réussi qui évite toute mièvrerie. Réconfortant.

Pastel

CAMILLE 2+

Ⓐ JACQUES DUQUENNOY

Une petite girafe en proie aux situations les plus banales s'en tire toujours avec brio. De l'humour, de la poésie, du rythme, notamment dans la mise en pages.

Albin Michel Jeunesse

BORIS 2+

Ⓐ MATHIS

Presque un anti-héros ce Boris. Et pourtant, il est vraiment pour les tout-petits, capable d'instruire, même lorsqu'il ne compte que jusqu'à un (!). Un héros bien attachant.

Thierry Magnier

LES AVENTURES DE PETTSON ET PICPUS 4+

Ⓐ SVEN NORDQVIST

Une série avec des visages, des gens, des vêtements qui ressemblent à ceux de la vraie vie. Et ça bricole, ça mange, ça s'amuse…

Autrement Jeunesse

POMELO 4+

Ⓐ RAMONA BADESCU
Ⓘ BENJAMIN CHAUD

Un petit éléphant tout en rondeur, joyeux, naïf dans sa découverte du monde. Un univers coloré, plein d'humour et de tendresse.

Albin Michel Jeunesse

RITA ET MACHIN 4+

Ⓐ JEAN-PHILIPPE ARROU-VIGNOD
Ⓘ OLIVIER TALLEC

Une plongée en enfance : ses jeux exclusifs, ses petits rituels, ses bêtises ou ses inventions imaginaires, à l'écart du monde des adultes. L'énergie de Rita est inépuisable et franchement communicative.

Gallimard Jeunesse

ARIOL 6+

Ⓐ EMMANUEL GUIBERT
Ⓘ MARC BOUTAVANT

Une série très attachée au quotidien des enfants (l'école, les copains, etc). Des petits albums BD qui ne manquent donc ni d'humour ni de véracité, fort appréciés des jeunes lecteurs.

Bayard Jeunesse

ÉMILE ET LILI 6+

Ⓐ MO WILLEMS

Des textes courts, simples et lisibles, permettant aux lecteurs débutants, de suivre en s'amusant les aventures toniques et joyeuses d'un éléphant et d'une cochonne facétieux.

Tourbillon

MADEMOISELLE ZAZIE 6+

Ⓐ THIERRY LENAIN
Ⓘ DELPHINE DURAND

Série démontrant que l'humour, l'esprit d'enfance et de la facétie peuvent rimer avec grande qualité. Cette Mademoiselle Zazie est tout bonnement irrésistible.

Nathan Jeunesse

ZUZA 2-4+

Ⓐ ANAÏS VAUGELADE

Quintessence de l'enfance, Zuza (qui grandit au fil des livres) est irrésistible. Une série, qui se distingue par son humour, son naturel et son imaginaire fertile.

L'École des Loisirs

ZÉKÉYÉ 2-6+

Ⓐ NATHALIE DIETERLÉ

Une série qui se décline du premier âge aux premières lectures. Zékéyé ne manque pas de malice, et, selon les âges, il instruit ou distrait bien agréablement.

Hachette Jeunesse

quelques séries classiques

Elles ont entre un siècle et un demi-siècle d'existence et elles constituent des piliers de la culture littéraire des enfants :

✹ HISTOIRE DE BABAR, LE PETIT ÉLÉPHANT 4+

Ⓐ JEAN DE BRUNHOFF

On ne présente plus Babar mais je rappellerais quand même qu'il est né en 1931 sous la plume et le pinceau de Jean de Brunhoff et que son apparition modifia profondément le cours du livre pour enfants en raison de l'intelligence de l'articulation entre le texte, l'image et le support livre. À quelques rares exceptions près, on privilégiera les albums de Jean à ceux de son fils, Laurent, qui reprit ensuite la série à partir des années 1950. En effet, ce sont bien dans ces premiers albums que l'on trouve toute la densité, l'inventivité, mais aussi la tendresse et la beauté des histoires qui firent la renommée de la série.

Hachette Jeunesse - Albums Babar

✹ LES AVENTURES DE LA FAMILLE MELLOPS 4+

Ⓐ TOMI UNGERER

C'est en 1957 que Tomi Ungerer, l'auteur des Trois Brigands publie à New York le premier album de cette série qui raconte les aventures mouvementées d'une famille de cochons.

Chacun de ces titres est construit selon un schéma narratif immuable : Monsieur Mellops et ses fils font une trouvaille ou ont une idée qui les conduit à élaborer un plan, ensuite mis à exécution. Rencontrant des obstacles dans la réalisation de leur projet, ils doivent inventer des solutions pour y faire face. Après avoir vaincu leurs difficultés, tous les membres de la famille se réunissent invariablement autour du « délicieux gâteau à la crème de maman ». Bien que s'inscrivant dans la tradition des grands fabulistes qui ont marqué l'histoire de la littérature enfantine, une lecture au second degré permet de se délecter de l'esprit satirique si cher à Tomi Ungerer. On trouve les différentes aventures de la famille Mellops reliées en un volume.

L'École des Loisirs

✹ PIERRE LAPIN 4+

MADEMOISELLE MITOUFLE

Ⓐ BEATRIX POTTER

Un grand classique depuis ses origines, au début du xxᵉ siècle. Il faudra choisir entre le lourd et beau volume de l'Intégrale, les beaux titres de la Bibliothèque de Pierre Lapin, la Mini-bibliothèque contenant 12 mini-livres ou la Petite bibliothèque, tout en carton, pour les plus jeunes. Un charme indémodable, grâce à l'immense talent de dessinatrice et d'aquarelliste de Beatrix Potter, qui créa avec autant de finesse que d'espièglerie cette inimitable série, se prémunissant de toute mièvrerie par le caractère très achevé de ses représentations, la précision de ses textes et l'intégration, dans ses histoires imaginées, des dures lois de la nature.

Gallimard Jeunesse

✹ ÉLOÏSE 6+

Ⓐ KAY THOMPSON
Ⓘ HILARY KNIGHT

Éloïse est une héroïne qui se caractérise par sa radicale rupture avec les bonnes manières, sa verve impertinente et son énergie digne des plus impressionnantes catastrophes naturelles. Mais aussi sa tendresse et sa poésie. Presque une super héroïne. Mais pas toujours un exemple à suivre ! Cette série, datant pour le premier titre de 1955 sait mobiliser de riches inventions pour inscrire le caractère trépidant et l'impertinence de son héroïne au cœur même du livre, dans ses marges, ses multiplications, se superpositions ou encore ses déploiements. Une lecture décoiffante et hautement réjouissante.

Gallimard Jeunesse

REGARD CRITIQUE
Un avis sur les séries à succès

- **Les Barbapapa** (A. Tison, T. Taylor, Le Dragon d'or) : un univers fascinant dont on ne se lasse pas, mais attention, selon les titres, éditions inégales.

- **Mini-loup** (Philippe Matter, Hachette livre) : un série qui plaît beaucoup aux 4-6 ans pour ses dessins humoristiques.

- **Madame et Monsieur** (Roger Hargreaves, Hachette Jeunesse) : un concept vraiment intéressant, ludique, qui a largement fait ses preuves. En revanche des textes un peu laborieux à la lecture à voix haute.

- **Martine** (G. Delahaye, M. Marlier, Casterman) : une série conformiste qui joue sur les ressorts de la nostalgie.

- **Petit Ours brun** (Danièle Bour, Bayard Jeunesse) : l'univers sage et coloré peut rassurer. A contrario, le statisme et la rigidité des personnages, l'excès de moralisme qui pointe parfois, peuvent poser question.

- **Tom-Tom et Nana** (J. Cohen, B. Després, Bayard Jeunesse) : des titres dévorés par les lecteurs débutants ; esprit d'enfance, gaffes et gags s'y succèdent avec un rare dynamisme.

- **Max et Lili** (D. de Saint Mars et S. Bloch, Calligram) plaît aussi beaucoup.

- Quant à ceux qui lisent déjà tout seuls, ils dévorent **La Cabane Magique** (M. P. Osborne, Bayard) et **Géronimo Stelton** (Albin Michel Jeunesse) : pas d'autre choix que de laisser faire !

- **Arc-en-ciel, Émilie, Juliette, Caillou, T'Choupi, Zoé et Théo, Franklin, Fenouil, Camomille…** Tous sympathiques. Mais pas incontournables non plus.

- Toutefois, je proscris radicalement les séries déclinées de marques qui n'ont absolument aucun intérêt.

⤳ un conte

À L'ORIGINE RÉCITS COURTS ET ANONYMES, COLPORTÉS ORALEMENT AU TRAVERS DES CULTURES ET DES CLIMATS, LES CONTES SE TROUVÈRENT AU XIXᴱ SIÈCLE ADAPTÉS AUX ENFANTS PAR DES ÉDITIONS QUI DEVIENDRONT ENSUITE DE PLUS EN PLUS RÉÉCRITES ET SIMPLIFIÉES. PERDANT AINSI PARFOIS TOUT LIEN AVEC LEUR PUBLIC ET LEUR FONCTION D'ORIGINE. **Même si les contes succèdent aux comptines et font partie de ce patrimoine culturel commun que l'on aime transmettre aux enfants, il est important de les prendre au sérieux et d'être attentifs aux éditions afin de ne pas choisir des versions trop édulcorées, qui perdraient ainsi tout leur sens et toute leur saveur. Fort heureusement de nombreux éditeurs maintiennent cette exigence, font appel à des conteurs contemporains et à des illustrateurs qui offrent un univers visuel qui vient enrichir le conte à la manière d'une véritable interprétation. Et n'oublions pas que les contes se transmettent surtout par la parole, la qualité du texte est donc très importante pour permettre l'appropriation par le lecteur de cette langue si poétique et musicale.**

COLLECTION à Petits Petons 2+

Une fois n'est pas coutume, c'est une collection que je souhaiterais mettre en avant, tant elle est incontournable dans le domaine des contes pour enfants. C'est à un travail d'ampleur que s'est attelé l'éditeur Didier Jeunesse pour offrir aux enfants un véritable patrimoine oral revisité, modernisé, et adapté, ce afin de conserver intact le rôle de transmission des contes. La collection « *À Petits Petons* », place avec beaucoup de talent et d'intelligence le conte à portée des plus petits. L'éditeur a ainsi fait appel à des conteurs contemporains pour donner leur propre version du conte, personnelle, de fait très travaillée du point de vue du rythme, des formules et des intonations. Chaque titre reçoit une illustration originale qui, tout en ouvrant l'imaginaire, adapte aussi bien le conte à la forme livre qu'à la lecture à haute voix. En effet, les typographies semblent littéralement mimer les intonations et la musicalité du texte. Les contes sont tout à la fois issus de la tradition française, et venus des quatre coins du monde, avec une grande variété dans les provenances. Mais l'essentiel reste que ces narrations sont toutes profondément originales et particulièrement destinées aux enfants. Voici donc une valeur sûre des bibliothèques enfantines.

Didier Jeunesse

✳ mon premier livre de contes et de comptines 🔲
Ⓐ FRANCISZKA THEMERSON

Datant de 1947, les illustrations virtuoses, adaptées aux très jeunes, ont un charme qui sied parfaitement aux contes. On y trouvera des versions non édulcorées des contes les plus populaires pour les tout-petits, dont : Les Trois petits cochons, Le bonhomme de pain d'épices, Qui a tué Rouge-Gorge…

MeMo - 2009 (1947) - EAN 9782352890423

✳ Je Te croquerai ! mes contes favoris 🔲
Ⓐ LUCY COUSINS

Enfin une édition de qualité, très accessible, de contes pour les tout-petits. Les textes, courts, simples, bien adaptés restent agréables et les illustrations sont malicieuses tout en étant très lisibles et dynamiques. Le recueil de contes des jeunes enfants.

Albin Michel Jeunesse - 2009 - EAN 9782226191915

✳ 365 contes pour tous les âges 🔲
Ⓐ MURIEL BLOCH Ⓘ MIREILLE VAUTIER

Une grande diversité de contes, un pour chaque jour de l'année. Assez courts, les contes recueillis par l'une des grandes conteuses contemporaines, deviennent des contes à dire, sur tous les tons.

Gallimard Jeunesse - 1985 - EAN 9782070588138

✳ P'TIGARS-P'TIDOIGT 🔲
Ⓐ ALEXANDRE AFANASSIEV Ⓘ ÉTIENNE BECK

Un texte truculent, admirablement traduit, qui sonne et toque en bouche, pour raconter l'histoire drôle et cruelle de P'tigars-P'tidoigt qui saura montrer une volonté inversement proportionnelle à sa taille. Des images superbes, à la fois très modernes et intemporelles, richement colorées.

MeMo - 2007 - EAN 9782352890010

✳ une soupe au caillou 🔲
Ⓐ ANAÏS VAUGELADE

Un loup comme on n'en voit jamais : émacié, fatigué, qui endosse le rôle de passeur pour animer les villages autour de la fameuse soupe au caillou. Le grand talent de l'illustratrice consiste à maintenir jusqu'au bout l'indécision sur les intentions du loup. Admirable.

L'École des Loisirs - 2000 - * EAN 9782211059350

✳ poule plumette 🔲
Ⓐ PAUL GALDONE

Un conte qui marque durablement les plus jeunes, à la fois pour la qualité de ses textes aux refrains entraînants « Le ciel nous tombe sur la tête, il faut prévenir le roi », pour l'humour des noms des personnages, le récit en randonnée et… la fin tragique de toute cette compagnie.

Circonflexe - 2004 (1968) - EAN 9782878333497

✳ mille ans de contes classiques 🔲

Un épais volume rassemble de très nombreux contes classiques de Perrault, Grimm ou Andersen. Le temps de lecture estimée est indiqué pour chaque conte.

Milan Jeunesse - Mille ans de contes - 2007
EAN 9782745925619

✳ contes russes 🔲
Ⓐ LUDA Ⓘ BILIBINE

L'oiseau de feu et La Princesse Grenouille, sont quelques-uns des six contes autrefois publiés en cahiers et aujourd'hui réunis en un volume. Les textes de Luda sont exceptionnels de musicalité, faisant de leur lecture à haute voix un moment à part. Les illustrations du grand artiste russe de la fin du xixe siècle, Bilibine sont admirables de par leurs compositions, leurs couleurs et leur style qui garde une étonnante modernité.

Sorbier - 2001 - EAN 9782732035260

~ un conte

La Petite Poule Rousse 2+

Ⓐ PAUL GALDONE

Un conte dont les dialogues sont souvent retenus et répétés à l'envie par les enfants dans la vie de tous les jours.

Circonflexe - 2009 (1973) - EAN 9782878334814

Le Petit Chaperon Rouge 2+

Ⓐ RASCAL

Efficace et tranchant comme un coup de dent, ce petit album sans texte aux formes stylisées nous fait revisiter le conte de Perrault.

Pastel - 2002 - EAN 9782211066037

La Véritable Histoire des Trois Petits Cochons 2+

Ⓐ ERIK BLEGVAD

Une version de ce conte si connu des jeunes enfants, rendue ici admirable grâce au charme des images surannées agréablement détaillées, et au texte qui renoue avec la qualité d'un conte souvent trop simplifié.

Gallimard Jeunesse - Folio Cadet - 1993
EAN 9782070631049

Roule Galette 2+

Ⓐ NATHA CAPUTO
Ⓘ PIERRE BELVÈS

Un incontournable qui vaut bien plus que d'être lu pour l'Épiphanie ! On ne se lasse pas de son éternel refrain « Je suis la galette, la galette. »

Flammarion - Père Castor - 2002 (1950)
* EAN 9782081609990

La Petite Sirène 2+

Ⓐ BHAJJU SHYAM
Ⓘ GITA WOLF - SIRISH RAO

Une version bien originale du conte d'Andersen qui se centre sur les émotions et le sens profond du conte plutôt que sur la beauté de l'héroïne.

Syros - 2009 - EAN 9782748508413

Jacques et le Haricot Magique 4+

Ⓐ PETER URBSCHEIT
Ⓘ ALJOSCHA BLAU

Un texte qui file, bien conçu pour la lecture à voix haute, et des images qui ont juste ce qu'il faut d'étrange et d'inquiétant pour plonger tout à fait dans

l'univers de ce conte fantastique d'origine anglaise.

Éditions Nord-Sud - 2008 - EAN 9783314200076

Kachtanka 4+

Ⓐ ANTON TCHEKHOV
Ⓘ GENNADY SPIRIN

Une adaptation d'un conte de Tchekhov rendue très chaleureuse grâce aux illustrations qui évoquent l'art sur bois russe.

Sorbier - 2008 - EAN 9782732039022

Le Buffle et l'Oiseau 4+

Ⓐ CATHERINE ZARCATE
Ⓘ OLIVIER CHARPENTIER

Une très belle fable aux tonalités asiatiques, qui valorise chacun dans son activité au sein de la société.

Syros - 2006 - EAN 9782748504860

Le Diable des Rochers 4+

Ⓐ GRÉGOIRE SOLOTAREFF

Un conte en album qui se lit aussi bien par le texte que par les images aux fortes résonances symboliques.

L'École des Loisirs - (1993) - EAN 9782211027595

Le Vilain Petit Canard 4+

Ⓐ HANS CHRISTIAN ANDERSEN
Ⓘ HENRI GALERON

La part belle est laissée au texte et les images se font d'abord discrètes, à la manière d'illustrations documentaires. Pourtant, à mesure que l'intensité monte, elles se chargent en tension dramatique.

Gallimard Jeunesse - La clé des contes - 2006
EAN 9782070620845

Le Petit Chaperon Rouge 4+

Ⓐ JACOB, WILHELM GRIMM
Ⓘ LISBETH ZWERGER

Dans la foule des versions de ce conte, en voici une qui sait aussi bien l'adapter aux plus jeunes qu'en garder toute l'ambiguïté, sans s'interdire l'humour.

Minedition - 2010 - EAN 9782354130824

Le Petit Poucet 4+

Ⓐ CHARLES PERRAULT
Ⓘ CHRISTIAN ROUX

Des images très modernes et particulièrement adaptées au public enfantin, qui redonnent tout leur sens à la moralité du conte valorisant les petits malins et débrouillards…

Seuil Jeunesse - 2010 - EAN 9782021020045

Le Chat Machin 4+

Ⓐ MARCUS MALTE
Ⓘ CANDICE HAYAT

Un très beau texte qui chante et danse, rime avec légèreté pour nous raconter la destinée bien inattendue d'un chat des rues. Un format et des images qui offrent un beau confort de lecture.

Syros - 2007 - EAN 9782748505980

Philipok 4+

Ⓐ LÉON TOLSTOÏ
Ⓘ GENNADY SPIRIN

Grâce aux superbes illustrations, aussi chaleureuses que réalistes, nul doute que les jeunes enfants se sentiront éminemment touchés par l'histoire de ce frère cadet si impatient de suivre son grand frère à l'école.

Gautier-Languereu - 2001 - * EAN 9782013909211

La Grosse Faim de P'tit Bonhomme 4+

Ⓐ PIERRE DELYE
Ⓘ CÉCILE HUDRISIER

Un conte bien agréable à se mettre en bouche qui réussit le tour de force d'être aussi drôle que touchant. Voir les autres titres de la collection consacrée à Pierre Delye.

Didier Jeunesse - P'tit Bonhomme et Compagnie
2003 - EAN 9782278054701

Barbe-Bleue 6+

Ⓘ CHIARA CARRER

Un relevé presque télégraphique du célèbre conte confronté à des images-collages suggestives. La violence du conte s'en trouve mise à distance sans en être édulcorée.

La Joie de lire - 2008 - EAN 9782882584663

Le Chat Botté 6+

Ⓐ CHARLES PERRAULT
Ⓘ FRED MARCELLINO

Les images conduisent d'un pas de maître cette version du chat botté. Elles savent habilement combiner la mise en scène de la ruse du chat et la magnificence du Roi.

Gallimard Jeunesse - 1991 - EAN 9782070563661

Contes n° 1-2-3-4 6+

Ⓐ EUGÈNE IONESCO
Ⓘ ÉTIENNE DELESSERT

La réédition des contes que le maître de l'absurde lui-même avait adressé aux enfants. De l'absurde, assurément, ces histoires n'en manquent pas et réjouiront petits et grands par leur humour.

Gallimard Jeunesse - 2009 (1967-1971)
EAN 9782070614479

contes détournés

On trouve dans la production contemporaine énormément de réécritures humoristiques des contes. *Les Contes à l'envers* de Boris Moissard et Philippe Dumas (L'École des Loisirs), ou encore les textes de l'italien Gianni Rodari (voir *Grammaire de l'imagination*, Rue du monde) ont suscité, depuis une vingtaine d'années, une multitude de détournements de contes. Ils permettent aux jeunes lecteurs de prendre de la distance, d'exercer leur humour et de se familiariser avec un puissant ressort de l'exercice d'écriture. Bien entendu, à ne proposer qu'aux enfants qui connaissent la version originale du conte, sinon, la réécriture n'a aucun intérêt.

BOU ET LES 3 ZOURS

ELSA VALENTIN
ILYA GREEN

Dans une langue inventée truculente mais compréhensible, qui coule et qui râpe, l'aventure de la petite Bou qui s'en arrive à la cabane des trois zours… Un bonheur de lecture à haute voix.

L'Atelier du Poisson soluble - 2008
EAN 9782913741669

IL EST MINUIT

MICHEL VAN ZEVEREN

Un petit album sans un mot, au dessins proches de la BD, bourré d'humour, qui revisite le conte de Cendrillon.

Pastel - 2008 - EAN 9782211093255

IL N'Y A PAS D'AUTRUCHES DANS LES CONTES DE FÉES

GILLES BACHELET

Où l'on comprend pourquoi il n'y a jamais d'autruches dans les contes de fées grâce à une suite de scènes hilarantes.

Seuil Jeunesse - 2008 - EAN 9782020984164

JOHN CHATTERTON DÉTECTIVE

YVAN POMMAUX

Un récit mené comme une enquête policière sur les traces du Petit Chaperon rouge. Beaucoup de clin d'œils et d'humour.

L'École des Loisirs - 1993 - * EAN 9782211032452

LA FAIM DES SEPT OURS NAINS

ÉMILE BRAVO

Un format BD pour un humour débridé qui brasse allègrement les références et le second degré.

Seuil Jeunesse - 2005 - EAN 9782020838573

LA NUIT DU VISITEUR

BENOÎT JACQUES

Et si la grand-mère du Petit Chaperon rouge était un peu dure d'oreille ? Elle mettrait les nerfs du loup à rude épreuve, et aussi ceux du lecteur ! Un bel objet qui se prête bien à la lecture à voix haute.

Benoît Jacques Books - 2008 - EAN 9782916683097

LA VÉRITÉ SUR L'AFFAIRE DES TROIS PETITS COCHONS

JON SCIESZKA
LANE SMITH

Pour une fois, c'est le loup qui a la parole. Une mauvaise foi proprement comique, une plaidoirie à la sauce journalistique et des images qui distillent le doute ! Un classique du genre.

Nathan Jeunesse - 1991 - EAN 9782092224083

LE LOUP EST REVENU

GEOFFROY DE PENNART

Lorsque le loup est annoncé en forêt, ce sont tous les personnages des contes qui se réfugient chez le lapin pour faire un sort au loup.

Kaléidoscope - 1994 - EAN 9782877671217

LE PETIT CHAPERON ROUGE. LA SCÈNE DE LA CHEMISE DE NUIT

JEAN-LUC BUQUET

L'idée géniale de cet album : imaginer le moment où le loup enfile la chemise de nuit de la grand-mère. Un suspens haletant, décompte à l'appui !

Autrement Jeunesse - 2006 - EAN 9782746708693

mademoiselle sauve-qui-peut

PHILIPPE CORENTIN

Un album qui revisite le conte du Petit Chaperon rouge en nous présentant une petite fille nettement, nettement, plus dégourdie que son ancêtre !

L'École des Loisirs - 1996 - * EAN 9782211041515

une autre histoire

ANTHONY BROWNE

Ici, Boucle d'Or et les Trois Ours voisine avec une version muette, moderne. Un astucieux jeu de mise en pages permet au lecteur de faire des liens entre l'un et l'autre. Un très bel album.

Kaléidoscope - 2009 - EAN 9782877676281

LES TROIS COCHONS

DAVID WIESNER

Cela commence tout à fait comme le conte des Trois Petits Cochons *mais… cela déraille vite pour entraîner le lecteur dans une incroyable aventure qui le ramènera pourtant sur ses pas ! Une grande réussite.*

Circonflexe - 2001 - EAN 9782878332841

à faire

Aller écouter un conteur, pour renouer avec les origines de ce genre d'abord verbal. Des conteurs peuvent se produirent dans une **salle de spectacle** de proximité ou tout simplement à la **bibliothèque**, mais surveillez aussi les **Nuits du conte**, qui se développent de plus en plus. **Les enfants adorent** : ils emmènent couettes et oreillers et profitent paisiblement de la magie des contes…

~ UN LIVRE-DISQUE

LE LIVRE-DISQUE EST D'ABORD UNE ALTERNATIVE AU LIVRE LU PAR L'ADULTE. IL PERMET À L'ENFANT, SOUVENT EN AUTONOMIE, D'ENTENDRE UNE HISTOIRE RACONTÉE TOUT EN CONTEMPLANT DES ILLUSTRATIONS S'Y RAPPORTANT.

Les enfants aiment tout particulièrement ce médium très particulier, qui offre écoute et lecture dissociées quoique coordonnées. C'est que les CD constituent généralement bien plus qu'une simple bande audio d'une histoire. Timbre et ton de la voix, rythme, bruitage et musique apportent une toute nouvelle dimension au texte. Ces livres offrent également de formidables initiations à la musique. De la simple connaissance d'un instrument à l'adaptation d'un opéra de Mozart, tout un parcours de mélomane peut s'y épanouir. Aussi n'hésitons pas à multiplier ces moments, notamment en alternative à la télévision lorsque les enfants ont besoin de repos.

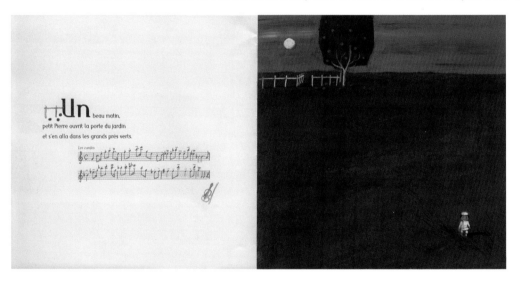

PIERRE ET LE LOUP 4+

 SERGE PROKOFIEV ● ÉRIC BATTUT

Ce grand classique des contes musicaux trouve ici un écho remarquable en la voix et la personnalité de Michel Galabru qui nous fait vibrer et trembler au son des instruments de l'Orchestre de Chambre de Genève dirigé par Thierry Fischer. Il sait tonner et gronder avec les cors aussi bien que pépier et murmurer avec la flûte traversière. Les images d'Éric Battut privilégient quant à elles le travail de la couleur et de l'espace et semblent littéralement accueillir la musique au sein des grandes pages colorées de ce bel album. Les contrastes entre le vert du jardin, le rouge des arbres et des pommes et le blanc de Pierre et du Loup construisent un réseau symbolique sur lequel s'appuie intelligemment la lecture. L'ensemble est particulièrement impressionnant et fait de ce livre-CD l'une des meilleures versions de ce conte musical incontournable du répertoire pour la jeunesse, dont on se prend souvent, *« pam pam pam pala pampam pam pam pam pam »*, à fredonner l'air ! D'autres contes, des opéras ou des compositions plus modernes sont au programme de cette remarquable collection de livres-CD dans laquelle on peut puiser les yeux fermés.

Didier Jeunesse - 2001 - EAN 9782278050840

✳ COLLECTION COCO LE OUISTITI 0+
Ⓐ PAULE DU BOUCHET Ⓘ XAVIER FREHRING

Une série de petits albums cartonnés autour du personnage de Coco est l'occasion d'une belle découverte de la musique et des sons. Le récit prend son temps, laisse toute place à la musique, ample, paisible quand il le faut mais dynamique aussi, au gré des frasques du jeune personnage.

Gallimard Jeunesse

✳ COLLECTION COMPTINES DU MONDE 0+

Une superbe réalisation soignée dans tous ses aspects musicaux et éditoriaux. Des comptines ont été soigneusement collectées, de la Bretagne à l'Afrique et mises en musique avec beaucoup de soin et de talent. De beaux albums accueillent les textes transcrits.

Didier Jeunesse

✳ COLLECTION LES IMAGIERS 0+
Ⓘ OLIVIER TALLEC

Un robuste format cartonné accueille des comptines, chansons, rondes et fabulettes. Les illustrations aussi douces que dynamiques sont toutes accompagnées de petites vignettes indiquant les gestes correspondants. Les enregistrements laissent la place aux voix d'enfants et l'accompagnement musical est toujours gai et tendre.

Gallimard Jeunesse

✳ COLLECTION LIVRES-DISQUES 0+

Des titres très différents au sein de cette collection qui offre aussi bien le classique Pierre et le loup raconté par le réjouissant François Morel et illustré par le légendaire PEF que des comptines et chansons de différentes cultures. Le point commun ? Une grande qualité de réalisation musicale.

Enfance et Musique

✳ COLLECTION LES CONTES DU MUSÉE DE LA MUSIQUE 4+

Des contes de tous les pays illustrés par des créateurs de renom sont l'occasion de la découverte du son d'un instrument, mais aussi de toute la culture qui y est liée. Un cahier documentaire clôt le livre mais le récit est bien prioritaire et suivi très attentivement.

Actes Sud Junior

✳ COLLECTION LA PROCHAINE FOIS JE VOUS LE CHANTERAI 6+

Une collection dirigée par Philippe Meyer, animateur de l'émission radiophonique du même nom qui propose un album pour une chanson. Le répertoire se place résolument sous le signe de l'humour. Les éditions du Rouergue choisissent soigneusement les illustrateurs qui font véritablement vivre la chanson au fil de l'album. Une collection à partager entre générations.

Éditions du Rouergue

✳ COLLECTION TINTAMARRE 6+

Une collection qui laisse carte blanche aux nouveaux talents de la chanson sur un thème donné. Les jeunes illustrateurs retenus pour composer les livres accordent bien leurs images aux univers décalés et parfois impertinents des chansons.

Milan Jeunesse

⤳ un Livre-Disque

✹ TRaLaLi, La musique DeS PeTiTS BRuiTS 0+

Ⓐ BENJAMIN CHAUD

Des images aussi chaleureuses que joyeuses, très colorées, qui mettent en scène un vrai défilé qui finit en orchestre.

Hélium - 2009 - EAN 9782358510172

✹ monsieur SaTie 0+

Ⓐ CARL NORAC
Ⓘ ÉLODIE NOUHEN

Textes, images, musique de F. Vaysse-Knitter et voix de François Morel font entrer avec une grande sensibilité et une belle harmonie dans l'univers du compositeur Érik Satie.

Didier Jeunesse - Les Contes musicaux - 2006
EAN 9782278054961

✹ La musique inDienne. La DanSe Du Démon 0+

Ⓐ MURIEL BLOCH
Ⓘ ALLAGRA AGLIARDI

Asil Raïs raconte le beau récit de Muriel Bloch avec un savoureux accent indien. Les musiciens de Samhati offrent le meilleur de la musique indienne, tandis que les illustrations achèvent le dépaysement. Un très beau livre-CD pour s'évader quelques instants en Inde.

Gallimard Jeunesse - À la découverte des musiques du monde - 2010 - EAN 97820700631186

✹ Les cacaToès 2+

Ⓐ QUENTIN BLAKE

Une version sonore réussie de cet album où un professeur cherche ses cacatoès tandis que le lecteur, lui, les voit, et s'amuse de la situation.

Gallimard Jeunesse - Livres audio Benjamin
2007 (1992) - EAN 9782070611997

✹ à L'eau ! 2+

Ⓐ HÉLÈNE BOHY
Ⓘ KATY COUPRIE

De savoureuses images concoctées par Katy Couprie viennent soutenir un répertoire varié, de grande qualité sur le thème de l'eau. Le tout dans une belle ambiance sonore. D'autres titres existent dans cette même série.

Enfance et musique - 2006 - EAN 9782916681023

✹ Le mysTère DeS couLeuRS 4+

Ⓐ DA SILVA
Ⓐ FRANÇOIZ BREUT

Une belle réalisation, intelligemment racontée par la très belle voix de Françoiz Breut et des chansons interprétées avec talent par Da Silva. Un livre-CD qui plaît autant aux enfants qu'aux parents !

Actes Sud Junior - Toto ou tartare - 2006
EAN 9782742764389

✹ FaBLeS De La FonTaine SuR DeS aiRS De Jazz 4+

Ⓐ JEAN DE LA FONTAINE
Ⓘ SÉBASTIEN PELON

La Fontaine version jazzy, il fallait oser ! Mais la belle réalisation des adaptations musicales convainc tout à fait.

Flammarion-Père Castor - 2008
EAN 9782081207936

✹ Le Roi DeS BonS 4+

Ⓐ PEF

On ne se lasse pas d'entendre le roi fondre devant « les petites cuicuisses » et « les petites féfesses picpic bouboubou » de son bébé ! Un régal !

Gallimard jeunesse - Livres audio Benjamin - 2006
EAN 9782070578368

✹ LeS conTeS BLeuS Du cHaT PeRcHé 4+

Ⓐ MARCEL AYMÉ

Michel Galabru prête sa voix et sa bonhomie pour nous conter les aventures de Delphine et Marinette. Un régal.

Gallimard Jeunesse - Folio Junior livres/CD - 1997
EAN 9782070516687

✹ PiccoLo Saxo eT cie, ou La PeTiTe HiSToiRe D'un GRanD oRcHeSTRe 6+

Ⓐ JEAN BROUSSOLE   Ⓘ PEF

La grande histoire de la musique, racontée par la petite histoire de Piccolo et Saxo, deux personnages qui entraînent les enfants avec passion dans leurs aventures. Ici, la version de François Perrier, enregistrée en 1967 et illustrée par le facétieux Pef.

Thierry Magnier - Livre-CD - 2002
EAN 9782844201454

✹ BaRBaBaBoR : HiSToiRe en cHanSonS 6+

Ⓐ FRANÇOIS PLACE

Une aventure au long cours pour les plus grands : chansons de marins, aventures exotiques, ce livre sent les embruns comme aucun autre ! Musique et arrangements par Christian Mesmi, François Place lit sa propre histoire.

Thierry Magnier - Livre/CD - 2003
EAN 9782844202703

✹ La méLoDie DeS TuYaux 8+

Ⓐ BENJAMIN LACOMBE

Un grand et sompteux album qui accueillent avec beaucoup de cohérence les chaleureuses images de Benjamin Lacombe et l'univers onirique de la chanteuse Olivia Ruiz.

Seuil Jeunesse - 2009 - EAN 9782021001525

✹ Le PeTiT oiSeau qui cHanTaiT Faux 6+

Ⓐ RENAUD
Ⓘ SERGE BLOCH

En dépit du titre, tout sonne juste : Renaud raconte avec finesse son histoire, la mise en bruit et en musique de Eduardo Makaroff et Paul Lazar est malicieuse et la réalisation graphique signée Gérard Lo Monaco bien inventive.

Naïve - 2005 - EAN 9782350210247

✹ LiTTLe Lou 6+

Ⓐ JEAN CLAVERIE

L'attachant personnage de Jean Claverie, Little Lou, le jeune musicien de blues, prend ici vie grâce à cette édition avec CD qui restitue toute l'ambiance du sud des États-Unis durant les « Années folles ».

Gallimard Jeunesse - 2008 - EAN 9782070621224

✹ La cHèvRe De monSieuR SeGuin 6+

Ⓐ ALPHONSE DAUDET
Ⓘ ANNE WILSDORF

Le texte dit par Jacques Probst joue avec la musique interprétée par la Fanfare du loup, tirée d'un spectacle musical, aux accents jazzy. Le CD dialogue talentueusement avec les remarquables compositions du livre qui donne un nouveau souffle et un nouveau rythme à l'histoire de l'imprudente petite chèvre.

Quiquandquoi - 2005 - EAN 9782940317380

POUR REBONDIR

✳ ALORS, JE CHANTE: CHANSONS COMPTINES ET FORMULETTES 0+

Ⓐ FLORENCE SIMON

Un foisonnement de ritournelles, comptines, formulettes, et chansons populaires, dans une mise en pages inventive qui les fait voisiner avec des photographies contemporaines offrant ainsi aux textes un écho aux résonances multiples.

Passage Piétons - 2002 - EAN 9782913413177

✳ VIVE LA MUSIQUE! 4+

Ⓐ LES CHATS PELÉS

Par le biais d'une mise en pages, et d'un style d'illustration qui fit date, le tout au sein d'un grand format dans lequel tous les éléments s'entrechoquent, Les Chats pelés nous font découvrir l'histoire de la musique à travers celle des hommes.

Seuil Jeunesse - 1995 - EAN 9782020218757

✳ CHANSONS ET COMPTINES DE NOTRE ENFANCE 0-6+

Ⓐ MATTHIEU LE NESTOUR - JEAN-FRANÇOIS ALEXANDRE

Trois CD qui accompagnent les enfants de 0 à 6 ans dans leur découverte de la musique, des comptines et des chansons. Les musiques sont accompagnées de voix d'enfants. Un objet intéressant.

Naïve - 2005 - CD

✳ LE LIVRE DES CHANSONS DE FRANCE ET D'AILLEURS 2-6+

Ⓐ ROLAND ET CLAUDINE SABATIER

Un beau répertoire français mais aussi des chansons étrangères. Toutes, en versions originales et intégrales, sont présentées avec leurs partitions. Un beau recueil dont toutes les familles devraient disposer.

Gallimard Jeunesse - 2009 (1984)
EAN 9782070625376

ET AUSSI...

✳ LA GRANDE PANTHÈRE NOIRE 4+
Ⓐ PAUL FRANÇOIS Ⓘ LUCILE BUTEL
Flammarion - Père Castor - Livres CD - 2002
EAN 9782081612952

✳ LE CARNAVAL DES ANIMAUX 4+
Ⓐ CARL NORAC Ⓘ OLIVIER TALLEC
Sarbacane - 2005 - EAN 9782848650807

✳ LE MONSTRE MANGEUR DE PRÉNOMS 4+
Ⓐ DAVID CAVILLON Ⓘ JULIEN BILLAUDEAU
Benjamin Média - 2010 - EAN 9782912754264

✳ PAS DE BAISER POUR MAMAN 6+
Ⓐ TOMI UNGERER
L'École des loisirs - 2010 (1979) - EAN 9782211201476

REGARD CRITIQUE

Les livres-disques peuvent avoir plusieurs origines. Parfois, il s'agit de la création d'une bande audio à partir d'un album préexistant, dont le texte est enregistré par un comédien. Bruitages et musiques y sont généralement ajoutés. Parfois, ce sont les livres qui sont conçus comme des déclinaisons de contes musicaux par exemple. Mais généralement, dans ce cas, les versions audio diffèrent aussi, notamment dans le choix de l'interprète. De plus en plus souvent, nous rencontrons des projets d'ampleur, associant des créations originales du livre comme du CD.

Aussi, la plupart des livres-disques offrent-ils une qualité qui va bien au-delà de la simple histoire racontée. De plus en plus d'acteurs de renom sont conviés à livrer une réelle interprétation du texte, tandis que de très bons musiciens et ingénieurs du son travaillent à leur réalisation. **Des compositions musicales et sonores à part entière sont donc maintenant créées pour ce support.**

UN LIVRE POUR JOUER

UN LIVRE N'EST PAS SEULEMENT FAIT POUR LIRE DES HISTOIRES. IL PEUT AUSSI RECELER MILLE PISTES DE JEUX ET D'ACTIVITÉS. Certains livres s'affichent résolument comme supports de jeux, en cela ils sont intéressants car ils permettent une fréquentation récréative. D'autres, sans être à proprement parlé des livres-jeux, permettent ou appellent une lecture ludique. Les pédagogues le savent depuis longtemps, jouer est une affaire sérieuse qui conduit le lecteur vers de nouvelles compétences et un nouveau rapport au livre. Jouer avec les livres présente cet avantage certain de ne pas opposer ces derniers aux jeux, et, particulièrement, aux jeux vidéos, mais au contraire de tisser des liens. En devenant un support ludique, le livre se pare de nouvelles vertus aux yeux des enfants.

VOILÀ ! TRÈS BIEN... MAINTENANT INCLINE LE LIVRE VERS LA GAUCHE, POUR VOIR...

UN LIVRE 2+

HERVÉ TULLET

Son titre l'affirme, s'il ne devait y en avoir qu'un ce serait celui-là. L'ouvrage d'Hervé Tullet ne comporte ni rabat, ni gadget, ni aucune puce électronique et pourtant, il s'avère l'un des plus efficaces livre-jeu interactif ! Le principe, que l'auteur affine de livre en livre depuis le mémorable *Turlututu, c'est magique !* (Seuil, 2003) : jouer de la force persuasive du narrateur pour inciter le lecteur à réaliser toutes sortes d'actions sur le livre. Et le lecteur d'appuyer, secouer, taper des mains avec un enthousiasme dont il est le premier surpris. S'appuyant sur les réflexes acquis de la pratique multimédia du jeune lecteur, le livre lui demande par exemple de « *cliquer* » sur un point jaune, ce qui a pour effet, à la page suivante, de multiplier le point comme annoncé. Anticipant la réaction du lecteur parce que la programmant, le livre peut donner l'illusion qu'il obéit aux commandes. Non seulement ça marche à tous les coups, mais plus encore, l'enfant y prend un plaisir inouï et en redemande. C'est qu'il ressent une sensation de toute-puissance sur le livre tout à fait inédite. Car, pour une fois, c'est le lecteur qui commande le livre. Enfin, le croit-il ! L'ouvrage est solide, de belle facture, aux images minimalistes dont la pureté des formes et des couleurs résultent d'un travail talentueux.

Bayard Jeunesse - 2010 - EAN 9782747032308

✳ COUCOU, QUI EST LÀ ? 2+
Ⓐ SATOSHI KITAMURA

Le plus évident des jeux de bébé, celui du « coucou » combiné à celui du « je cherche et je trouve » se trouve mis en scène par un jeu de tirette bien adapté aux tout-petits au sein de l'univers visuel doux, coloré et amusant, reconnaissable entre tous, de l'illustrateur Satoshi Kitamura.

Gallimard Jeunesse - 2006 - EAN 9782070576234

✳ SÉRIE LES LIVRES-JEUX 0+
Ⓐ HERVÉ TULLET

Pour partie réédition de livres parus chez Panama, pour partie création, voici un ensemble exceptionnel de livres-jeux cartonnés à destination des plus petits. Le format est utilisé avec beaucoup d'inventivité grâce à des découpes originales. Chaque livre est aussi beau que ludique.

Phaidon - 2011

✳ LE LIVRE DE L'HIVER 2+
Ⓐ ROTRAUT SUSANNE BERNER

Ce livre fait partie d'une série très réussie qui sollicite de multiples jeux d'observations. Chaque page de ces grands livres cartonnés fait défiler de nombreux personnages au sein d'un décor que l'on retrouve à l'identique de livre en livre. De page en page on s'amuse à suivre les personnages. Et de livre en livre, on compare les différences au sein des mêmes espaces.

La Joie de lire - 2009 - EAN 9782882585004

✳ PARCI ET PARLA 2+
Ⓐ CLAUDE PONTI

Parci et Parla n'ont qu'une idée en tête : jouer ! Même lorsqu'ils se lèvent ou s'habillent, tout n'est que jeu et invention. Et les poussins qui évoluent en arrière-plan sont bien à leur image. Le lecteur, lui, n'est jamais en reste. Jubilatoire.

L'École des Loisirs - 1994 - * EAN 9782211019996

✳ RUE LAPUCE 2+
Ⓐ CÉCILE BONBON

Le livre se déplie pour former, à plat, une rue, pleine de petites boutiques et de monuments à visiter, derrière lesquels se cachent de nombreuses animations surprises. Les enfants font évoluer des personnages découpés au sein de cet environnement chatoyant.

Didier Jeunesse - 2010 - EAN 9782278059218

✳ MA FABRIQUE À IMAGES 4+
Ⓐ DELPHINE CHEDRU

Un ouvrage de belle facture avec des images à colorier, à compléter, des gommettes à coller, des masques à découper, des photographies à retoucher, un flip-book à monter... Une grande diversité d'activités donc, qui sollicite grandement l'imagination et la créativité de l'enfant. Les consignes prennent la forme d'histoires et les images, celle d'un livre d'art.

Albin Michel Jeunesse - 2008 - EAN 9782226186300

✳ OXISEAU 4+
Ⓐ FRANCESCO PITTAU Ⓘ BERNADETTE GERVAIS

Du superbe ouvrage qui propose au sein de doubles-pages somptueuses des animations aussi variées qu'inventives pour une partie de cache-cache avec les oiseaux. Voir également Axinamu des mêmes auteurs.

Les Grandes personnes - 2010 - EAN 9782361930189

✳ IMAGINE 6+
Ⓐ NORMAN MESSENGER

Véritable manuel d'imagination, ce livre interactif incite le lecteur à faire travailler son imaginaire à partir du monde réel (que serait une valise sans poignée, une horloge sans aiguille...). Observation, manipulation, trompe-l'œil : les situations de jeux visuels sont diverses. Les images, superbement réalisées, s'approchent souvent de peintures célèbres, notamment surréalistes.

Seuil Jeunesse - 2005 - EAN 9782020810562

~ UN LIVRE POUR JOUER

✸ IL EST OÙ ? 0+

Ⓐ CHRISTIAN VOLTZ

Un petit jeu d'observation pour les petits. Dans ces images photographiques, un mignon petit bouton se trouve dissimulé.

Éditions du Rouergue - 2007 - EAN 9782841568857

✸ SUR LA BRANCHE 0+

Ⓐ CLAUDE PONTI

Quand la famille oiseau se nomme et se compte chez Ponti, cela donne lieu à un savoureux et poétique jeu de reconnaissance.

L'École des Loisirs - 2008 (1996) - EAN 9782211091268

✸ CHERCHE LA PETITE BÊTE ! 2+

Ⓐ DELPHINE CHEDRU

Sur le modèle des images à secrets, chaque page du livre offre un animal à reconnaître. Des couleurs éclatantes et un graphisme stylisé rendent le jeu des plus agréables.

Naïve - 2008 - EAN 9782350211473

✸ DRÔLE DE PIZZA 2+

Ⓐ WILLIAM STEIG

Cet album n'est pas à proprement parlé un livre-jeu mais le jeu qu'il met en scène entre un enfant et son père est des plus original et des plus communicatif. Une ode aux jeux d'imagination.

Kaléidoscope - 2003 - EAN 9782877673914

✸ GRIBOUILLAGES 2+

Ⓐ TARO GOMI

L'un des premiers titres d'un genre qui a depuis fait recette et connu de nombreuses versions foisonnantes : « le livre à dessiner et à gribouiller », ici signé par un grand auteur japonais.

Seuil Jeunesse - 2001 - EAN 9782020413510

✸ LE MAGICIEN JAUNE 2+

Ⓐ BRUNO MUNARI

Cet album, créé en 1945 par le grand artiste italien Bruno Munari n'a rien perdu de son efficacité ni de sa modernité : on soulève avec enthousiasme les rabats emboîtés pour retrouver la carte disparue.

Seuil Jeunesse - 2009 (1945) - EAN 9782021004908

✸ COLORIAGES 2+

Ⓐ JOËLLE JOLIVET

Un cahier de coloriage grand format. Les traits à la gravure donnent une belle élégance. Le must : des fenêtres et rabats à colorier !

Les Grandes personnes - 2010 - EAN 9782361930042

✸ CARTES POSTALES 4+

Ⓐ ANNE BROUILLARD

Cet album ne se présente pas comme un livre jeu et pourtant, grâce à une lecture des indices, le lecteur retrouve la trace du cheminement des cartes postales et du livreur !

Sorbier - 2000 - EAN 9782732033921

✸ DEVINE QUI FAIT QUOI 4+

Ⓐ GERDA MULLER

Un petit album qui, sans un mot, vous emmène sur la trace des nombreux animaux qui ont sillonné la maison et le jardin du petit garçon. Au lecteur de les retrouver.

L'École des Loisirs - Archimède - 1999
* EAN 9782211054782

✸ RHINO DES VILLES 4+

Ⓐ GAËTAN DORÉMUS

Une histoire en prologue donne les règles du jeu : retrouver l'image du rhino à travers une suite de photographies. Un jeu d'observation à qualité artistique qui porte un regard inédit sur la ville.

Autrement Jeunesse - 2010 - EAN 9782746713895

✸ LA COURSE AU GÂTEAU 4+

Ⓐ THÉ TJONG-KHING

Cet album sans texte met en scène une foultitude de personnages qui évoluent de page en page. L'observation des évolutions des détails s'avère un jeu des plus plaisants.

Autrement Jeunesse - 2006 - EAN 9782746708181

✸ MA VALLÉE 4+

Ⓐ CLAUDE PONTI

Un grand livre vaste comme le monde, celui de Poutchy Blue qui nous présente sa famille, sa maison, ses jeux, ses mythes et ses secrets au travers de pages fourmillantes de détails.

L'École des Loisirs - 1998 - EAN 9782211051323

✸ OÙ 6+

Ⓐ SÉVERIN MILLET

Superbes images aux couleurs originales pour un jeu d'observation qui demande beaucoup d'attention mais où chacun, selon son âge et sa persévérance, trouve du contentement.

Seuil Jeunesse - 2007 - EAN 9782020962865

✸ OÙ EST CHARLIE ? 6+

Ⓐ MARTIN HANDFORD

Mille fois copié, le personnage de Charlie reste le préféré des enfants qui adorent le rechercher, dissimulé qu'il est dans l'immensité et le foisonnement de la page.

Gründ - 1998 - EAN 9782700041248

✸ VIVE LA VILLE ! 6+

Ⓐ TOM SCHAMP

Une plongée dans la ville. Ses couleurs, ses formes, ses mouvements, retranscrits dans le fourmillement des pages cartonnées saturées. Au lecteur de trouver son chemin, au fil des surprises et découvertes, tête à l'endroit ou à l'envers.

P'tit Glénat - 2009 - EAN 9782723467711

✸ JUMANJI 6+

Ⓐ CHRIS VAN ALLSBURG

Jumanji met en scène deux enfants laissés seuls à la maison qui découvrent un jeu de société dont les situations deviennent réelles. Un bel album qui a connu des adaptations cinématographiques et télévisuelles.

L'École des Loisirs - 1983 - EAN 9782211096874

✸ LE CAHIER DES PLUS 6+

Ⓐ AGNÈS ROSSE

Sur le principe simple mais génial de l'addition de textes et d'images, cet album encourage l'enfant à trouver ses propres équations. On se prend au jeu et chacun d'y aller de sa combinaison.

Rue du Monde - 2000 - EAN 9782912084293

✸ ZOOM 6+

Ⓐ ISTVAN BANYAI

Jeu de regard : un défilé d'images, comprendrez-vous le lien logique qui les unit ? La solution est vertigineuse...

Circonflexe - 2002 (1990) - EAN 9782878333091

↘ UN LIVRE POUR JOUER

✦ CONSEIL DE LECTURE

La lecture elle-même peut devenir un jeu. D'ailleurs, de nombreuses théories analysent la lecture littéraire selon les principes du jeu. Ainsi, les livres de Claude Ponti, s'ils ne se présentent pas comme des livres-jeux appellent pourtant une lecture ludique. En multipliant les représentations du jeu, les auteurs incitent leur lecteur à faire de sa lecture un jeu : d'observation, de reconnaissance, de références, et, bien entendu jeux de mots et d'images qui invitent l'enfant à quitter le confort (et la passivité) de l'histoire racontée et le place dans une position fructueuse qui aboutit nécessairement à une amélioration de ses compétences de lecture.

↘ UN LIVRE POUR JOUER

✦ À VOIR EN BIBLIOTHÈQUE

✹ COUCOU ME VOILÀ ! 0+

ⓐ MITSUMASA ANNO

Réalisé par l'un des maîtres du livre pour enfants japonais, cet ouvrage est un classique du livre-jeu pour les tout-petits. Leur jeu préféré, le jeu fondateur pour eux de la découverte du monde, celui du « coucou » se trouve ainsi mis en scène avec un étonnant effet d'illusions puisque l'animation des pages permet de dissimuler puis révéler subitement des figures cachées. Rire garanti pour les bébés.

L'École des Loisirs - 1988

↘ UN LIVRE POUR JOUER

✦ ET AUSSI...

✹ LA BOÎTE À OUTILS 2+
ⓐ THIERRY DEDIEU
Seuil Jeunesse - 2007 - EAN 9782020964463

✹ LA TRAVERSÉE DE L'ATLANTIQUE 2+
ⓐ DELPHINE CHEDRU
Mango Jeunesse - De Mouche à Orteils - 2009
EAN 9782740426062

✹ LOUP Y ES-TU ? 2+
ⓐ MITSUMASA ANNO
L'École des Loisirs - 1979 - EAN 9782211061575

✹ CACHE-CACHE COQUIN 2+
ⓐ SATORU ONISHI
P'tit Glénat - 2010 - EAN 9782723469418

✹ À QUOI TU JOUES ? 4+
ⓐ MARIE-SABINE ROGER
Sarbacane - 2009 - EAN 9782848652757

✹ CACHE-CACHE COCHONS 4+
ⓐ ARLENE DUBANEVICH
L'École des Loisirs - Lutin poche - 1982
EAN 9782211018142

✹ DÉGUISONS-NOUS 4+
ⓐ REMY CHARLIP
MeMo - 2009 - EAN 9782352890409

✹ TROMPE L'ŒIL 4+
ⓐ JOAN STEINER
Circonflexe - 1999 - EAN 9782878332285

✹ UNE JOURNÉE À LA PLAGE 4+
ⓐ YUICHI KASANO
L'École des Loisirs - Lutin Poche - 1982
EAN 9782211044066

✹ IL ÉTAIT UNE FOIS... IL ÉTAIT UNE FIN 6+
ⓐ ALAIN SERRES ⓘ DANIEL MAJA
Rue du Monde - 2006 - EAN 9782915569575

✹ IL Y ENCORE QUELQUE CHOSE QUI CLOCHE 6+
ⓐ GUY BILLOUT
Seuil Jeunesse - 2002 - EAN 9782020537926

✹ L'UN D'ENTRE EUX 6+
ⓐ GÉRALDINE ALIBEU
La Joie de lire - 2011 - EAN 9782882585011

REGARD CRITIQUE

Le secteur du livre-jeu, du livre d'activités ou du livre pour jouer s'est considérablement développé ces dernières années. Sur le modèle de *Où est Charlie ?*, de Martin Handford, et de son extraordinaire succès auprès des enfants, les albums encourageant à de minutieuses recherches de détails se sont multipliés. Certains, comme ceux de Rotraut Susanne Berner, s'adressent aux jeunes enfants et leur offrent de beaux développements. Les livres d'activités connaissent également une belle embellie, en diversifiant de plus en plus les types d'activités et les manipulations demandées aux enfants, tandis que le livre de coloriage renaît de ses cendres en étant réalisé, comme la tradition le veut, par des artistes.

À FAIRE

Et si on jouait à fabriquer ses propres livres d'activité ? À partir d'un petit carnet (par exemple formé de feuilles pliées), l'enfant peut, préparer des coloriages, inventer des alphabets codés, réaliser un jeu d'observation ou un labyrinthe et même préparer des gommettes avec de la colle repositionnable.

93

POURRIEZ-VOUS ME RECOMMANDER...

↝ UN LIVRE D'ART

ÉVEIL ARTISTIQUE, ÉDUCATION À L'IMAGE, SENSIBILISATION ESTHÉTIQUE, DANS UNE SOCIÉTÉ DE L'IMAGE COMME LA NÔTRE, IL SEMBLE FONDAMENTAL QUE LES ENFANTS SOIENT TRÈS TÔT CONFRONTÉS AUX ŒUVRES D'ART AFIN DE FORMER LEUR JUGEMENT CRITIQUE. LE SECTEUR DU LIVRE D'ART POUR ENFANTS EST D'UNE EXTRAORDINAIRE RICHESSE. Les livres qui présentent un domaine artistique ou une œuvre rivalisent d'inventivité et déploient une réelle intelligence pédagogique. Nombreux sont également les artistes qui souhaitent créer des livres comme des œuvres d'art à destination des jeunes lecteurs. Dès lors, les livres d'art pour enfants s'imposent véritablement comme le premier musée visité.

COULEURS, COULEURS
UN LIVRE-JEU SUR LES COULEURS 4+
🅐 KVĚTÁ PACOVSKÁ

De manière tout à fait exceptionnelle, Kvĕtá Pacovská est une artiste de renommée internationale qui a toujours placé les livres pour enfants au cœur de sa création artistique. Cette créatrice tchèque conçoit ses livres comme d'authentiques œuvres à la portée des enfants, lesquels y pénètrent comme dans un premier musée.

Loin de réaliser des livres d'art exigeants ou élitistes, par le biais du jeu, du dialogue avec le lecteur, par la grande cohérence de son travail aux couleurs, aux formes et aux personnages récurrents, elle parvient à toucher directement les enfants. Innombrables sont les manières d'appréhender ses livres : les admirer, les lire ou jouer avec… Ce sont toujours des livres fort originaux pour une expérience de lecture unique. Ici, les rabats, les découpes ou les roues à tourner permettent au jeune lecteur d'album d'entrer de plain-pied dans cet univers ludique, en mouvement, qui leur raconte l'histoire d'un escargot qui se plaint de n'avoir pas de couleurs et que la grenouille aide à s'en doter de multiples et chatoyantes. Ce faisant, l'enfant découvrira les couleurs, mais plus encore appréciera leurs nuances, leurs contrastes, qu'elles peuvent être vecteurs d'émotions, avoir une tonalité ou même une atmosphère propre. Minedition travaille activement à la réédition des albums de Kvĕtá Pacovská, d'autres titres devraient donc (re)voir le jour.

Minedition – 2011 (1992) – EAN 9782354130886

✳ TOUT BLANC 0+
Ⓐ ANNETTE TAMARKIN

Cinq doubles-pages : cinq vues, cinq tableaux animés, cinq jeux de formes où le blanc accueille gracieusement la couleur, par touche, par superposition, par révélation. Ce livre simplissime à l'efficacité magistrale s'impose comme l'un des tout premiers livres de bébé, comme un spectacle à sa portée, comme une toute première, et intense, expérience artistique.

Les Grandes personnes - 2010 - EAN 9782361930059

✳ Le musée en 10 couleurs 2+
Ⓐ SOPHIE CURTIL

Sur un principe de découpes dans la page inspiré de Tana Hoban, voici un ouvrage remarquablement conçu qui fait se succéder une couleur et son nom, le détail d'une œuvre vu par une fenêtre aménagée, puis au format de la page et enfin dans son contexte, accompagné d'un texte poétique. Une très bonne initiation à l'art pour les petits.

Milan Jeunesse - 2006 - EAN 9782745921444

✳ Les cinq sens 2+
Ⓐ HERVÉ TULLET

Un livre total, qui sollicite, avec méthode, chacun des cinq sens par des feuilles qui bruissent, des pages trouées, des évocations sonores et odorantes, des jeux de texture sur la page. L'ensemble plonge littéralement l'enfant dans un univers de sons, de formes, de couleurs, hautement artistique et néanmoins humoristique.

Seuil Jeunesse - 2003 - EAN 9782020527941

✳ Regarde bien 2+
Ⓐ TANA HOBAN

Tana Hoban, photographe, au travers de ses nombreuses publications, a souhaité éduquer le regard des enfants sur leur quotidien, pour leur permettre d'en retirer toute la poésie et la force esthétique. Véritable initiation au regard, cet album, devenu une référence, est à mettre entre toutes les mains.

Kaléidoscope - 1999 - EAN 9782877672634

✳ Un point rouge 2+
Ⓐ DAVID A. CARTER

On est subjugué par la prouesse des sculptures de papier de ce spécialiste du livre animé : leur déploiement, leur ondulation, leur enchevêtrement. Et puis, on est vite saisi par l'esprit de jeu qui nous invite à retrouver le point rouge toujours habilement dissimulé.

Gallimard Jeunesse - 2005 - EAN 9782070550890

✳ abc 3D 4+
Ⓐ MARION BATAILLE

Un déploiement de lettres aux animations variées. La qualité du papier, l'inventivité et la poésie visuelle des animations, la pureté des formes, la cohérence de la matérialité, la densité des couleurs, tout, fait de ce pop-up un ouvrage d'exception.

Albin Michel Jeunesse - 2008 - EAN 9782226180209

✳ Petit musée 4+
Ⓐ ALAIN LE SAUX - GRÉGOIRE SOLOTAREFF

Un imagier comme un catalogue de belles images artistiques pour les connaître et reconnaître, les nommer ou rêver (de les voir en vrai ?). Les œuvres sont variées, venant de tous horizons, de toutes époques. Un recueil précieux, sur lequel on revient souvent, à tout âge, pour une magnifique parenthèse au pays des images d'art.

L'École des Loisirs - 1992 - * EAN 9782211047081

✳ Quelles couleurs ! 6+
Ⓐ RÉGIS LEJONC

Ce n'est ni un nuancier, ni un imagier, ni un livre d'art, c'est un album, un très bel album qui réussit l'audacieux pari de mettre en scène la couleur. De nombreuses techniques sont utilisées et la part belle est laissée au graphisme, aux logos, aux typographies, activant au passage de nombreuses références. Un ouvrage qui apportera une part essentielle à la culture graphique des enfants.

Thierry Magnier - 2009 - EAN 9782844207890

UN LIVRE D'ART

PETITE COLLECTION DE PEINTURE 0+

AGNÈS ROSENSTIEHL

Des peintures mises en histoires. Les choix d'images sont toujours judicieux et c'est une belle invitation à la promenade artistique pour les tout-petits. Voir aussi pour les plus grands la « Collection de peinture ».

Autrement Jeunesse

OH ! LA VACHE 0+

ANTONIN LOUCHARD
KATY COUPRIE

À la mode d'Andy Warhol, une ludique et joyeuse initiation à l'art contemporain.

Thierry Magnier - Tête de Lard - 1998
EAN 9782844200112

À DEUX MAINS 0+

KATY COUPRIE

Évidence de la simplicité pour ce livre robuste qui nous montre simplement la mise en scène de... deux mains ! Sensible et touchant, on ne s'en lasse pourtant pas.

Thierry Magnier - 2001 - EAN 9782844201156

LIVRE ILLISIBLE MN1 0+

BRUNO MUNARI

Un livre sans texte et sans image. Et ce n'est pas une blague. Bien au contraire, c'est à une belle réflexion en formes et en couleurs que nous invite le grand artiste italien.

Édition Corraini - Diffusion Les Trois Ourses -
2006 (1957) - EAN 9788886250153

IMAGINIER 2+

HERVÉ TULLET

Un « imagier à imaginer » cela donne un « imaginier ». On peut donc reconnaître les formes, mais surtout, imaginer ce qu'elles contiennent ou suggèrent.

Seuil Jeunesse - 2005 - EAN 9782020673013

LES AVENTURES D'UNE PETITE BULLE ROUGE 2+

IELA MARI

Un classique de l'album sans texte qui invite à suivre les transformations d'une forme rouge. Où l'on comprend que l'esthétique seule peut s'avérer tout aussi captivante qu'une histoire.

L'École des Loisirs - 1968 - EAN 9782211010900

MES PLUS BELLES IMAGES DU LOUVRE 2+

Un album au format agréable, catalogue d'images du Louvre soigneusement choisies, intégralement reproduites et présentées par thématiques avec une grande sobriété.

Gallimard Jeunesse - 2007 - EAN 9782070611850

ON DIRAIT QU'IL NEIGE 2+

REMY CHARLIP

Un texte qui invite à regarder des paysages neigeux sur des pages absolument blanches. Ce livre invite à imaginer l'univers décrit. Les enfants ne s'y trompent pas et sont très attentifs lors de la lecture.

Les Trois Ourses - 2011 - EAN 9782917057032

DES MOTS ET DES TABLEAUX 2+

ANNETTE TAMARKIN

Le principe est simplissime : un tableau de maître et en regard un mot ou une expression associés. Il n'en faut pas plus pour une intelligente initiation à la peinture, en même temps qu'un efficace imagier.

Palette - 2010 - EAN 9782358320566

COLLECTION LA PETITE GALERIE 4+

PATRICIA GEIS

Une collection qui met en avant de grands artistes par le biais de jeux de mises en pages et d'animations papier inventives. Le tout, dans l'esprit de l'œuvre.

Palette

OÙ EST QUI ? 4+

REMY CHARLIP

Le lecteur assiste à la construction d'une image et d'un récit, de la page blanche à la page pleine : une belle initiation à l'art de la représentation.

MeMo - 2008 - EAN 9782352890152

POPVILLE 4+

ANOUCK BOISROBERT - LOUIS RIGAUD
JOY SORMAN

Un pop-up somptueux pour comprendre la formation et l'évolution d'une ville.

Hélium - 2009 - EAN 9782358510141

DE QUELLE COULEUR EST TON MONDE ? 4+

BOB GILL

De quelle couleur est ton monde ? Le narrateur invite l'enfant à poser cette question à un jardinier, un maçon, un colonel... Les réponses, sont graphiquement somptueuses et inventives.

Phaidon - 1962 - EAN 9780714857657

COLLECTION MON PREMIER MUSÉE 4+

Découverte des œuvres à travers un thème artistique précis.

Palette

DÉTAILS EN PAGAILLE ! 4+

ÉLISABETH DE LAMBILLY

Une initiation ludique à la lecture du détail dans le tableau. Pour chacune des œuvres, très variées, l'enfant doit retrouver des mots et des images dans la reproduction qui fait face, en pleine page.

Palette - 2010 - EAN 9782358320504

JUSTE UN DÉTAIL 4+

CATHERINE-JEANNE MERCIER

Grâce à un jeu de découpes et de dessins, ce livre focalise l'attention sur un détail d'un tableau. Il invite également à imaginer un dessin à partir d'un tableau. Original et intelligent.

Seuil Jeunesse - Musée d'Orsay - 2006
EAN 9782020848268

OÙ ÊTES-VOUS MONSIEUR DEGAS ? 6+

EVA MONTANARI

Fait revivre les milieux de l'impressionnisme, le Paris de l'époque à travers les yeux d'une petite fille, danseuse, qui se retrouvera sur la toile de Monsieur Degas.

L'Atelier du Poisson soluble - 2009
EAN 9782913741980

///

POUR REBONDIR

✱ abcdessiné 4+

Ⓐ COLLECTIF

*Un abécédaire en forme
de petite encyclopédie
des illustrateurs pour
la jeunesse contemporains.*

Éditions de l'Édune - 2009

✱ L'ART PAR 4 chemins 8+

**Ⓐ SOPHIE CURTIL
MILOŠ CVACH**

*Le plus intelligent des livres
sur l'art. Quatre pôles, quatre
chemins, quatre univers et quatre cultures
pour commencer à comprendre et mieux
connaître l'histoire de l'art.*

Milan Jeunesse - 2003 - EAN 9782745904604

///

à VOIR en BIBLIOTHÈQUE

✱ mini books : motion/scene 0+

Ⓐ KATSUMI KOMAGATA

*Deux petits étuis carrés
contenant chacun 12 mini
cartes découpées à regarder
recto verso. Cartes à présenter aux bébés
(et aux plus grands) en une première initiation
à l'art : jeux de formes et de couleurs, qui
par leurs enchaînements et leurs contrastes,
conduisent à de belles émotions plastiques.
Par le maître japonais du livre d'art pour
les tout-petits.*

One Stroke - 2010 - Diffusion Les Trois Ourses
Réimpression prévue

✱ COLLECTION L'ART en jeu 4+

*Une audacieuse
collection de
livres sur l'art
malheureusement
épuisée qui réinventait chaque fois la conception
même de la mise en pages du livre pour favoriser
l'appréhension par l'enfant la plus juste, la plus
directe possible de l'œuvre présentée.*

Centre Georges-Pompidou

✱ album 2+

**Ⓐ GABRIEL BAURET
Ⓘ GRÉGOIRE SOLOTAREFF**

*Imagier comportant
un choix de photographies*

*en noir et blanc et couleurs qui constituait
une belle introduction à une petite histoire
de la photographie. Sensible et réfléchi,
il présentait aux plus petits quelques grands
noms de la photographie internationale.*

L'École des Loisirs - 1995

✱ ces nains portent quoi ? 6+

Ⓐ PAUL COX

*Un titre en forme de boutade,
des tas de jeux de langue,
pour interroger, finalement
très sérieusement, toutes les questions
liées à la représentation.*

Seuil Jeunesse - 2001 - EAN 9782020481892

✱ COULEURS DU JOUR 4+

Ⓐ KVĚTÁ PACOVSKÁ

*Un petit livre comme
un pavé, d'où jaillit une
surprenante fresque aux
couleurs denses, au beau
vernis et aux découpes audacieuses. Côté
face, côté pile, repliées ou déployées, on
découvre au détour des pages l'univers
dynamique de la grande artiste tchèque.
Indisponible à l'heure de la rédaction
du présent guide, une éventuelle réédition
est à scruter.*

Les Grandes personnes - 2010 - EAN 9782361930165

//

ET AUSSI...

✱ IL FAIT BEAU Là-HAUT ? 2+

Ⓐ ISABELLE SIMON

Éditions du Rouergue - 2008 - EAN 9782841568833

✱ TOUT UN LOUVRE 2+

Ⓐ KATY COUPRIE Ⓘ ANTONIN LOUCHARD

Thierry Magnier - 1999 - EAN 9782844203861

REGARD CRITIQUE

Le secteur du livre d'art pour enfants
s'est considérablement développé
au cours des années 1990. Des
éditeurs d'art se sont lancés dans des
publications pour la jeunesse, tandis
que des éditeurs jeunesse se sont
aventurés dans ce secteur. Livres sur
l'art, livres d'artistes, livres d'art, toutes
ces catégories voisinent et il est parfois
difficile de s'y retrouver. L'essentiel est
certainement pour l'enfant de multiplier
les points de vue. Il est ainsi important
de le confronter aux livres réalisés
par les artistes, même s'ils sont
onéreux en raison de leurs exigences
de fabrication. Quant aux livres qui
proposent une approche de l'art,
on privilégiera ceux qui proposent
des clés d'entrée directe dans l'œuvre
faisant de la phrase de Georges Braque
leur code de conduite **« Il faut se
contenter de découvrir, mais se
garder d'expliquer. »**

à FAIRE

Aller au musée et voir des expositions,
bien sûr. Et surtout, **ne pas oublier
la visite de la librairie du musée
qui propose généralement une
belle sélection de livres d'art pour
enfants.** Certaines ont un très beau
fonds d'ouvrages et vous y découvrirez
toutes les nouveautés, comme
les références, en ce domaine.

Le meilleur moyen de donner le goût de la lecture aux enfants est de partager sincèrement avec eux leur enthousiasme pour cette littérature. L'histoire du livre pour enfants a façonné une production d'une très grande créativité, qui a de quoi séduire à part entière les adultes. Voici, sorties de ma bibliothèque personnelle, quelques-unes de ces réalisations, entre virtuosité graphique, célébration de l'imaginaire et sensibilité fine au monde de l'enfance.

QUAND LES ADULTES
AIMENT LES LIVRES
DES ENFANTS

✴ L'ORAGE
Ⓐ ANNE BROUILLARD

De prime abord, le livre, par ses remarquables peintures, est une description d'ambiance qui montre, en divers lieux, l'arrivée de l'orage puis sa dissipation. Le ruissellement des gouttes d'eau sur la fenêtre est rendu avec une telle virtuosité qu'on jurerait entendre la pluie. Mais à force de relectures, on s'aperçoit que l'album offre bien plus, la créatrice ayant structuré son livre comme un puzzle où chaque page se présente comme une pièce que le lecteur est invité à mettre en lien avec d'autres. Prodigieux.

Grandir - 1998 - EAN 9782841660889

✴ LE CANARD, LA MORT ET LA TULIPE
Ⓐ WOLF ERLBRUCH

Un album d'une extrême sensibilité, qui met en scène la rencontre de la Mort et de sa victime, le canard. L'image montrant le canard et la Mort enlacés est tout simplement bouleversante. Le grand illustrateur allemand renouvelle ici son style et offre un livre d'images très travaillé dans sa simplicité et son dépouillement. Le fond culturel et symbolique des XVIIIᵉ et XIXᵉ siècles est présent par petites touches, dans les vêtements de la mort, les découpes de gravures sur bois...

La Joie de lire - 2007 - EAN 9782882583888

✴ LUNDI MATIN...
Ⓐ URI SHULEVITZ

Les ouvrages de Uri Shulevitz offrent un regard très sensible sur l'enfance, dans ce qu'elle a d'intime : le jeu et la rêverie. Et la mise en pages ou le style du dessin sont toujours réalisés en fonction du propos de fond. Ici, on perçoit comment la chanson « Lundi matin, l'empereur, sa femme et le petit prince » peut influencer l'imaginaire d'un enfant au quotidien.

Autrement Jeunesse - 2007 - EAN 9782746709379

✴ MARIN ET SON CHIEN
Ⓐ JOCKUM NORDSTRÖM

Ça n'a l'air de rien, des dessins au style enfantin, qui peuvent paraître maladroits... mais un charme indéfinissable se dégage de ce livre où la simplicité est élevée au plus haut niveau. Il y a de l'art naïf, presque folklorique, dans ces images qui sont en même temps très contemporaines, par leur traitement de l'espace blanc, la figuration des personnages à la manière de collages. On est envoûté par l'atmosphère ensoleillée de cette promenade entre la nature, la ville et le port, par la qualité des couleurs, de la lumière, et l'humour irrésistible, à contre-pied. Un bijou.

Pastel - 2005 - EAN 9782211077484

✴ NISSE À LA PLAGE
Ⓐ OLOF LANDSTRÖM
Ⓘ LENA LANDSTRÖM

Des rapports mère-fils comme on n'en a jamais vus : complicité, audace, confiance. Le bonheur au quotidien se savoure par la tendresse et l'intelligence. Dans ce livre, malheureusement épuisé, qui raconte une journée à la plage, il y a cette parole toute simple de la mère à son fils, sur le chemin du retour : « Tu te rends compte que tu as nagé ». En réponse, un petit sourire, à peine esquissé sur les lèvres de Nisse, en guise de fierté assumée. C'est d'une délicatesse et d'une sensibilité incroyable.

L'École des Loisirs - 1992 - EAN 9782917326107

✴ SEMER, EN LIGNE OU À LA VOLÉE
Ⓐ BÉATRICE PONCELET

Béatrice Poncelet élève l'album au rang d'art. Dans ses livres, tout, absolument tout est mûrement réfléchi et fait sens. Chaque double-page offre une composition d'une force plastique exceptionnelle, qui articule admirablement textes ciselés et images virtuoses. Le propos développé, ici le parallèle entre l'art du jardin et celui de l'éducation des enfants, est toujours travaillé dans toutes ses possibilités narratives et symboliques... Ses albums sont réputés difficiles, certainement en raison de leur grande singularité, et pourtant, ils incarnent vraiment la notion d'album « pour tous ».

Seuil Jeunesse - 2006 - EAN 9782020849302

✴ PETITES MÉTÉOROLOGIES
Ⓐ ANNE HERBAUTS

Le voyage d'une lettre, d'un amour à l'autre, d'un bout du livre à l'autre, figurée par un petit nuage coloré à motif. Entre deux, de somptueuses double pages, sans un mot, où l'on trouve une multitude de petits dessins, petits bonheurs, petites choses de la vie, souvent délicatement cachées sous un volet. Je peux littéralement me perdre dans l'exploration de l'univers si délicat, fécond, si poétique et sensible d'Anne Herbauts.

Casterman - EAN 9782203552050

✴ CHUT
Ⓐ PATRICK COURATIN

Une lecture d'enfance dont je garde intact le souvenir de ma fascination. Cet album m'a transmis la conviction profonde que les livres peuvent avoir la puissance du noir et le mystère d'une création singulière et n'en rester pas moins, profondément, POUR les enfants.

Encore un livre d'Harlin Quist - 1974

✴ L'AVENIR DE LA FAMILLE
Ⓐ NIKOLAUS HEIDELBACH

Nikolaus Heidelbach réussit à incarner la nature même de l'enfance, dans ce qu'elle a de plus partagé, mais aussi de plus secret. D'où cette impression qu'il ne s'adresse qu'à nous. C'est malheureusement une œuvre mésestimée, sûrement en raison de cet univers étrange, un peu sombre. Ses livres plaisent pourtant énormément aux enfants qui se reconnaissent dans ces représentations.

Il était deux fois - 2010 - EAN 9782917326107

✴ PIERRE ET LE L'OURS
Ⓐ OLIVIER DOUZOU
Ⓘ FRÉDÉRIQUE BERTRAND

Comme le titre l'indique, ça commence comme Pierre et le loup mais cela finit tout autrement ! Le début de l'album semble être une version légèrement parodique du célèbre conte musical mais ça dévie dangereusement ! Par de petits indices posés çà et là, très discrètement, on comprend enfin que cet album nous plonge littéralement dans la tête d'un enfant en train de jouer et qui anime ses jouets en fonction d'un scénario d'abord emprunté à Prokofiev, puis qui suit les développements inattendus de son imaginaire.

MeMo - 2007 - EAN 9782352890089

QUELQUES
QUES-
TIONS/
RÉPON-
SES

SUR LA LECTURE

100

mon Bébé ne s'intéresse absolument Pas aux Livres, Dois-Je continuer à Lui en Présenter?

Dès 4 mois, le bébé peut s'intéresser aux livres, commencer à fixer son attention sur des formes, pourvues qu'elles soient bien en contraste. Des livres solides peuvent être ajoutés à ses jouets, pour qu'il se familiarise avec l'objet. Vous pouvez surtout commencer à lui lire des livres dont le texte est agréable, musical. Même si l'enfant ne manipule pas directement le livre, entendre cette langue tout à fait différente de celle de tous les jours sera très important pour lui. Et vous voir (et entendre!) lire est le meilleur des exemples à donner.

mon enFant me Demande toujours De Lire Le même Livre, que Dois-Je Faire?

Pas d'autre choix que de le relire jusqu'à épuisement! Les raisons pour lesquelles un enfant souhaite qu'on lui relise un livre encore et encore peuvent être multiples et restent parfois bien mystérieuses : retrouver une émotion, répéter un effet de surprise, l'anticiper, être rassuré… Si l'enfant est en demande de relecture, il faut aller au bout de son besoin personnel. Rien n'empêche de proposer d'autres livres, le moment venu, il les acceptera.

si un enFant ne Lit que Des Bandes Dessinées, sera-t-il capable De Lire Des romans?

On croit toujours que la lecture de romans est obligatoire. Le plus important est d'avoir des lectures variées et d'y prendre plaisir. Proposer des documentaires, des livres d'images, des magazines est une bonne chose. Par ailleurs la lecture de bandes dessinées appelle de multiples compétences assez complexes : il faut savoir lire le texte, l'image, l'articulation des deux, la mise en pages… C'est une lecture très fructueuse et qui prépare bien l'enfant à appréhender les images dont nous sommes quotidiennement entourés. Mais on peut bien sûr demander conseil à un libraire ou à un bibliothécaire pour trouver, dans l'immense offre qui existe, des romans susceptibles de l'intéresser. Et lui en lire quelques chapitres de temps en temps, sans en attendre forcément plus.

certains Livres Font Peur, Peuvent-ils traumatiser?

Il arrive souvent que l'on se trompe sur ce qui est susceptible d'effrayer ou d'inquiéter l'enfant. Notre vision et notre sensibilité d'adulte n'est pas la sienne. Il faut bien sûr faire attention à ce que l'on propose en fonction de l'âge. Mais il faut surtout être très attentif aux réactions de l'enfant à la lecture. Si vous le sentez gêné ou qu'il fuit, alors, il vaut mieux refermer le livre et ne pas insister. C'est le grand avantage du livre sur le cinéma : on le ferme quand on veut.

Des Fois, Je ne suis Pas sûr que mon enFant comprenne ce que Je Lis, J'ai envie D'interrompre La Lecture POUR Lui exPLIquer?

Si l'enfant est captivé par l'histoire, s'il prend plaisir à écouter la petite musique du texte que vous lui lisez, vos interruptions risquent de le gêner. Il vaut mieux que l'enfant sente qu'il peut vous poser des questions, vous arrêter s'il ne comprend pas quelque chose ou si un élément lui pose question. À ce moment-là, vous pouvez lui répondre.

est-ce une Bonne IDée De Faire Lire Les Livres que L'on a aimés?

Pas toujours! Il y a des classiques indémodables qu'il est important de faire découvrir aux enfants : j'en signale certains dans les sélections. Mais d'autres ne sont plus du tout d'actualité. Parfois aussi, on offre un livre qui ne rencontre aucun intérêt. Cela arrive! Mais il se peut bien que l'enfant le reprenne quelques mois plus tard pour le dévorer! Au fur et à mesure de vos lectures communes, des livres vont devenir vos favoris et constituer le cœur de votre plaisir à la lecture partagée.

REPÈ-RES

102

LES LIBRAIRIES

On peut acheter des livres dans quatre grands types de lieux : la librairie, la grande surface spécialisée (espaces culturels), la grande surface non spécialisée (hypermarchés, etc.), la vente par correspondance (clubs du livre, internet, etc.). À noter, le développement récent de véritables librairies en ligne. La librairie, en dépit de ses difficultés, notamment en raison de la hausse des loyers et de l'abondance de la production, reste en France un réseau particulièrement dynamique. Beaucoup de libraires généralistes possèdent des rayons jeunesse, lesquels sont plus ou moins importants. Il existe aussi des librairies tout à fait spécialisées dans les livres pour la jeunesse. Ce sont des lieux absolument incontournables lorsqu'on s'intéresse à la lecture des enfants. On y rencontre des libraires spécialisés, qui non seulement connaissent très bien la production pour la jeunesse mais aussi les besoins des enfants en fonction de leur développement. Outre des nouveautés, la plupart de ces libraires, et c'est aussi leur très grand avantage sur les autres lieux de vente, possèdent un fond de livres pour enfants, c'est-à-dire des livres parus il y a quelques mois, voire quelques années et qui sont des classiques ou des incontournables.

un conseil
personnalisé

Les livres présents en librairie sont tous choisis et sélectionnés par les libraires qui suivent l'actualité des auteurs et des collections. Le libraire spécialisé jeunesse a lu les livres qu'il propose et a une connaissance fine des livres pour enfants qui ont fait leur preuve. Outre l'offre de livres sélectionnés, la librairie est également appréciée pour la qualité du service apporté. Car un libraire peut prendre le temps de vous aider à trouver un livre, en fonction de la personnalité de l'enfant auquel vous le destinez, en fonction de ses goûts, des livres qu'il a déjà aimés mais aussi de ce qui vous plaira à vous parmi les différents livres qui vous seront proposés. Il peut aussi tout simplement vous faire partager un coup de cœur si vous n'avez aucune idée, et lorsqu'il vous connaît bien ou connaît bien l'enfant pour lequel vous souhaitez un livre, il peut vous faire des propositions très ciblées.

Le coût DU LIVRE

J'entends souvent dire que les livres pour enfants sont chers. Il est vrai qu'un album de 48 pages peut paraître cher comparé à un roman de plus de 200 pages de même prix. Les considérations sur le prix du livre dépendent beaucoup de l'importance qu'on lui donne. Et aussi, c'est certain, de notre budget. Mais il faut savoir que de nombreux acteurs interviennent dans la réalisation et la fabrication d'un livre : auteur, illustrateur, éditeur, graphiste, imprimeur, diffuseur, distributeur, et enfin libraire, et que les albums coûtent cher en fabrication (se rapprochant ainsi davantage du livre d'art que du roman). Bon à savoir : l'édition ou la réédition en livres de poche, y compris des albums, est maintenant très courante. La plupart des éditeurs ont ainsi des collections souples qui proposent généralement à très bas prix*, les albums qui sont vendus plus cher dans leur format original. On peut donc tenter un équilibre entre achat de beaux livres pour les occasions particulières et achat de livres au format poche pour la lecture courante, en fonction des livres repérés en bibliothèque par exemple.

*Rappel : le signe « * » dans les sélections signale un ouvrage disponible au format poche.*

La LOI SUR Le PRIX
unique DU LIVRE

On ne le répètera jamais assez, acheter ses livres dans une librairie, aussi petite et spécialisée soit-elle ne coûte pas plus cher qu'en grande surface. C'est que le livre n'est pas un bien de consommation comme un autre et il est ainsi protégé par la loi du 10 août 1981 relative au prix unique de vente du livre, dite loi « Lang ». Le prix unique signifie que le même livre sera vendu au même prix par tous les détaillants à concurrence cependant de la remise légale de 5 % que tous peuvent pratiquer. Que l'on soit à Paris, dans une grande ville ou dans une zone rurale, on achète donc un livre au même prix dans une grande surface culturelle, dans un hypermarché, dans une maison de la presse ou dans une petite librairie de quartier. Lorsque certaines enseignes affichent des prix barrés, c'est uniquement dans le cadre de cette remise légale de 5 % que peuvent également pratiquer les librairies. Le choix de votre lieu d'achat ne dépend donc que de l'offre et du service proposés et non du prix.

POUR en SAVOIR PLUS

Le site du ministère : `www.culture.gouv.fr/culture/dll/prix-livre/intro.htm`
Le site de soutien à la loi « Lang » : `http://pourlelivre.wordpress.com`

⌇ LES LIBRAIRIES

LE POINT DE VUE DE
LAURENCE TUTELLO

**Libraire du Chat Pitre (Paris 13ᵉ), et Présidente
de l'Association des Librairies Spécialisées
Jeunesse, un réseau de professionnels rassemblant
une cinquantaine de libraires jeunesse.**

✦ QUELLES SONT LES SPÉCIFICITÉS D'UNE LIBRAIRIE POUR LA JEUNESSE ?

C'est sans doute banal de le dire, mais ce qui caractérise une librairie spécialisée jeunesse est, avant tout, la sélection d'ouvrages qu'elle propose à l'intention d'un public d'enfants, d'adolescents, voire de jeunes adultes. Dans ses rayonnages, sur ses tables, dans des bacs à hauteur d'enfant, on trouvera : des livres cartonnés ou en tissus pour les tout-petits, avec des images claires ; des albums avec des histoires illustrées, à écouter et à feuilleter avec un « grand » ou pour ceux qui savent déjà lire, en savourant le plaisir d'aller tout seul au bout d'un récit ; des livres-CD à écouter, regarder, chanter, mimer, danser ; des livres animés, à voir et à manipuler ; des livres avec des caractères et des interlignes adaptés aux apprentis lecteurs ; des documentaires ; des romans graphiques ; des romans tout court. Ce choix d'ouvrages spécifiques pour la jeunesse est, toujours, le fait de libraires attentifs au développement des enfants, aux goûts et aux centres d'intérêt des jeunes lecteurs. Plus que dans une librairie générale, le rôle de conseil du libraire spécialisé jeunesse est capital.

COMMENT CHOISISSEZ-VOUS LES LIVRES QUE VOUS PROPOSEZ ?

Les livres sont choisis à partir de catalogues d'éditeurs, le plus souvent après un travail avec des représentants venant visiter les libraires dans leurs magasins. Des maquettes d'ouvrages en cours de réalisation, lorsqu'elles existent, permettent de guider cette sélection. Mais, avant qu'un livre soit proposé à un client, il est toujours lu par le libraire à qui il revient d'apprécier la qualité des histoires, des illustrations et, pour les documentaires, des informations présentées. Le choix des ouvrages pour les plus petits et des albums illustrés suppose une grande attention aux images et aux matières choisies comme support du livre en tant qu'objet.

COMMENT CONCEVEZ-VOUS L'AIDE AUX PERSONNES QUI CHERCHENT UN LIVRE POUR UN ENFANT ?

Lorsqu'un adulte cherche un livre pour un enfant, sa demande peut-être complexe. Il est important de prendre le temps d'écouter, en se promenant entre les tables et les étagères du magasin, pour se faire une petite idée du caractère de l'enfant et de ses passions du moment. Le but est de dénicher LE livre qui captivera son attention, qui créera de beaux moments partagés avec l'adulte qui l'a offert ou, pour les plus grands, qui conduira le jeune lecteur à revenir vers le libraire pour découvrir d'autres histoires.

QUELS CONSEILS DONNERIEZ-VOUS AUX PERSONNES QUI SE SENTENT PERDUES FACE À L'ABONDANCE DE LIVRES POUR ENFANTS ?

La production de livres pour enfants et pour la jeunesse est très vaste. Lorsqu'on a quitté l'enfance depuis un certain temps, on peut s'y sentir perdu. Le rôle du libraire spécialisé jeunesse est, justement, de proposer une sélection de livres lus, une écoute et du conseil : toutes choses qui ne peuvent être disponibles ni dans une grande surface ni dans une grande enseigne où les employés changent régulièrement de secteur de vente. Pour bien choisir un livre, il ne faut pas craindre de prendre du temps : celui de regarder, de feuilleter, de solliciter le libraire en parlant de ses goûts, des lectures qu'on a aimés et qu'on aime toujours, de la jeune personne à qui on destine le livre. Une fois le livre acheté, viendra le temps du plaisir d'une lecture partagée avec les plus petits, ou de celui pris par les plus grands à se plonger dans un beau récit.

QUELS SONT LES OBJECTIFS DE L'ASSOCIATION DES LIBRAIRIES SPÉCIALISÉES JEUNESSE ?

L'Association des Libraires Spécialisées Jeunesse (ALSJ) regroupe, justement, des professionnels qui partagent le goût pour la littérature à l'intention de l'enfance et de la jeunesse, qui en défendent la créativité, qui jouent un rôle de conseil auprès du public. Par les animations qu'ils organisent dans leurs magasins et à travers leur participation à la rédaction de la revue *Citrouille*, l'ensemble des membres s'emploie à faire connaître ce secteur riche et créatif de la production de livres. Tous les libraires adhérents sont également des professionnels indépendants associés dans la défense du prix unique du livre, assuré par la loi Lang : garante d'une concurrence loyale entre surfaces de vente, ainsi que de l'existence de petits éditeurs contribuant à la créativité de la production littéraire.

L'ASSOCIATION DES LIBRAIRIES SPÉCIALISÉES JEUNESSE (ALSJ) C'EST AUSSI :

- des prix de littérature pour la jeunesse, les « Prix Sorcières » décernés chaque année sur le Salon du livre de Paris qui récompensent des ouvrages dans plusieurs catégories,
- un blog qui affiche quasi quotidiennement des critiques de livres émanant des différents libraires adhérents,
- une revue, *Citrouille*, qui propose, en plus de sélections, des articles de fond et des interviews,
- une quinzaine des libraries Sorcières (mois de mai), durant laquelle les libraires mettent en avant des albums et organisent des animations.

Pour en savoir plus : **www.citrouille.net**

LES BIBLIOTHÈQUES

Emmener un enfant dès son plus jeune âge en bibliothèque, c'est l'ouvrir à un univers de lecture quasiment inépuisable. La bibliothèque est un lieu ouvert à tous qui propose, en lecture sur place ou en prêt, tous types de livres, mais aussi des revues, et même des CD ou des DVD. Cette diversification des supports se traduit d'ailleurs par l'utilisation du terme de « médiathèque », qui remplace souvent celui de « bibliothèque ».

Aujourd'hui la plupart des bibliothèques municipales ont un secteur jeunesse, plus ou moins grand, plus ou moins développé, avec, en général, un personnel spécialisé qui connaît bien la production mais aussi les spécificités de la lecture des enfants. Le mobilier, ainsi que les collections de livres sont adaptés aux différents âges susceptibles de fréquenter le secteur, du bébé à l'adolescent.

Les bibliothèques permettent à des publics aussi divers que possible d'avoir accès à l'information et à la connaissance. Les bibliothécaires sont là pour répondre aux besoins de chacun, orienter le lecteur, l'aider à trouver ce qu'il cherche, l'accompagner dans son parcours de lecture. Des animations permettent de varier les activités autour du livre. Les secteurs jeunesse des bibliothèques réalisent aussi des accueils de classes, de centres de loisirs et d'associations et se trouvent généralement partenaires, ou organisateurs, de nombreux projets locaux. Les bibliothèques peuvent également remplir une mission de préservation et de conservation des livres.

La LECTURE

egarder les livres, les manipuler, les lire anquillement, ou écouter des histoires acontées… L'intérêt premier réside dans offre très variée de livres, tous sélectionnés ar les bibliothécaires. L'enfant peut y egarder seul les livres, ou simplement parler vec les autres enfants, car c'est aussi un eu de socialisation. On peut choisir avec i plusieurs livres à lui lire sur place, avant e retenir ceux qu'il souhaite emprunter. Il udra sûrement d'abord l'aider à repérer le assement des livres, l'accompagner avant u'il ne repère les livres qui l'intéressent. nsuite, dès qu'il est en âge, lui accorder utonomie et la responsabilité de ses oix, même si on ne les partage pas, est portant. La bibliothèque permet cette erté de choix. Si finalement le livre ne lui aît pas, c'est sans conséquence.

LES animations

Le mercredi ou le samedi de nombreuses bibliothèques organisent des animations pour les enfants, notamment la fameuse « Heure du conte » : histoires, lectures à haute voix, comptines, chansons et jeux de doigts rythment ces séances dont la thématique est à chaque fois renouvelée. Les bibliothécaires utilisent des supports comme le kamishibaï (petit théâtre d'images), les marionnettes, et des instruments de musique. Ce sont toujours des moments très vivants, pendant lesquels les adultes sont invités à participer avec les enfants. Pendant les vacances, des ateliers de création autour d'un livre peuvent être organisés, de même que, ponctuellement, des spectacles pour la jeunesse ou des expositions.

TROUVER sa BIBLIOTHÈQUE

À chaque bibliothèque correspond une ambiance particulière, ne serait-ce qu'en raison des locaux. Les collections, l'organisation des lieux, les publics ciblés, les équipes sont différentes. Lorsque le maillage des bibliothèques sur le territoire le permet, il est toujours intéressant « d'essayer » différentes bibliothèques avant de choisir la sienne, voire d'en fréquenter plusieurs qui peuvent être complémentaires.
On peut trouver des adresses de bibliothèques grâce au site du ministère de la Culture http://www.culture.gouv.fr/documentation/bibrep/pres.htm. Sinon, se renseigner auprès de sa mairie.

Un Lieu DE RESSOURCES Unique
Le centre national de la littérature pour la jeunesse – La Joie par les livres

Situé à Paris, au sein de la Bibliothèque Nationale de France, le Centre National de la Littérature pour la Jeunesse – La Joie par les livres, est le lieu de référence en France. Il est ouvert à tous : bibliothécaires, conteurs, libraires, éditeurs, étudiants, chercheurs, journalistes, ou tout simplement passionnés. Sur place, en accès direct, sont proposées toutes les nouveautés de l'année classées par genre : livre d'image, conte, roman, poésie, théâtre, documentaire, bande dessinée, multimédia. La « bibliothèque idéale » propose une sélection de 3 000 titres qui s'appuie sur la lecture critique régulière menée depuis 40 ans à La Joie par les livres. Les « classiques » de la littérature pour la jeunesse, comme les livres de références et les revues sont également consultables. Sur

demande, on peut consulter sur place l'exhaustivité de la production française pour la jeunesse de ces 50 dernières années (environ 250 000 documents) ainsi que des ouvrages de référence (15 000 titres), plus de 200 revues spécialisées françaises et étrangères, ainsi que des dossiers sur tous les aspects de la littérature et de la lecture des enfants et des bibliographies. Y est également conservée une collection en langues étrangères de 15 000 livres pour enfants du monde entier.
Le centre organise des séances de présentation critique de l'actualité éditoriale (sur abonnement) et propose des services à distance (demandes de documentation et de bibliographies…). Il est particulièrement actif dans le domaine de la formation et organise

plusieurs fois par an des colloques accessibles à tous sur inscription.
B.N.F. Salle I - Entrée sur présentation d'un titre d'accès ou d'une carte de lecteur. L'ensemble de ces services se retrouvent sur le site Web de la Joie par les livres, y compris la recherche documentaire sur catalogues : http://lajoieparleslivres.bnf.fr

BIBLIOTHÈQUE NATIONALE DE FRANCE, SITE FRANÇOIS MITTERRAND
Département Littérature et Art Centre National de la Littérature pour la Jeunesse - La Joie par les livres Quai François-Mauriac, 75706 Paris cedex 13 Tél. : 01 53 79 53 79 - Fax : 01 53 79 41 80 Courriel : cnlj-jpl.contact@bnf.fr

4 questions à
viviane
ezratty

Viviane Ezratty dirige la bibliothèque de l'Heure Joyeuse (Paris 5e), entièrement dédiée à la jeunesse et qui fut, en 1924, la première bibliothèque pour enfants à être créée en France.

QUI SE REND DANS UNE BIBLIOTHÈQUE POUR LA JEUNESSE ?

On voit d'abord un public d'enfants ou de jeunes. Avant, il fallait savoir lire et écrire pour venir en bibliothèque. Depuis une trentaine d'année, l'âge a baissé de plus en plus, et aujourd'hui, tout ce que l'on demande aux enfants, finalement, c'est d'être nés ! Il n'y pas de limite d'âge, ni dans un sens, ni dans l'autre, on a de jeunes adultes, lecteurs habitués, qui aiment revenir dans ce lieu qu'ils connaissent bien. On voit aussi de plus en plus de parents ou de professionnels (animateurs, éducateurs, professionnels de la santé…), qui sont, comme nous, médiateurs du livre auprès de leurs enfants ou des enfants avec lesquels ils travaillent. Parfois d'autres adultes viennent pour eux-mêmes, pour le plaisir des livres d'images qui sont souvent proches des livres d'art, ou parce qu'ils trouvent par exemple que les livres documentaires sont très bien faits et que l'information y est plus accessible que dans des ouvrages pour adultes qui sont plus techniques.

QUE SE PASSE-T-IL DANS UNE BIBLIOTHÈQUE POUR LA JEUNESSE ?

L'offre est là, il n'est pas obligatoire qu'il se passe quelque chose. La bibliothèque est un lieu rare : une institution ouverte, gratuite, dans laquelle on peut entrer tout à fait librement, sans que personne ne vous demande quoi que ce soit. C'est un lieu dans lequel on peut trouver des réponses à ses propres besoins, lesquels sont très variés : lire une bande dessinée dans un fauteuil, retrouver ses camarades, rencontrer un adulte bibliothécaire pour lui demander conseil… C'est un lieu souple, qui permet aussi bien tout ce que la lecture peut avoir d'intime ou de privé, comme de collectif (visites scolaires, centres de loisirs…).
Bien sûr on y propose aussi des animations, notamment des expositions, qui montrent par exemple les étapes du livre, y compris des dessins originaux, qui mettent en avant la création pour la jeunesse, ou son patrimoine car, à l'Heure Joyeuse, nous avons un fond historique de la littérature pour la jeunesse.

COMMENT CONCEVEZ-VOUS LE CONSEIL AUX LECTEURS ?

Si c'est directement un enfant qui demande, on commence par l'interroger, un peu comme un médecin, pour cerner ses goûts, les livres qu'il a aimés. Ensuite on tire le fil, à partir de ses capacités de lecture, ses envies (gros livre, petit livre). C'est une sorte de petite enquête, très respectueuse, on discute, on fait des propositions. L'avantage de la bibliothèque est que l'on peut essayer, gratuitement, sans risque. Si ça ne lui plaît pas, personne ne lui demandera de se justifier. S'il a aimé et veut en parler, après, on peut proposer d'autres livres pour continuer.
Si ce sont des parents seuls, c'est un peu plus difficile. Quand on nous dit d'abord « mon enfant n'aime pas lire » cela veut souvent dire « il n'aime pas les romans » ou « il n'aime pas les lectures scolaires ». Or, il n'est pas obligatoire de lire des romans (y compris quand on est adulte !). L'important est de trouver le livre qui conviendra à l'enfant, quel que soit ce livre.

QUE RÉPONDEZ-VOUS AUX PARENTS QUI PENSENT DIFFICILE POUR LES ENFANTS (OU POUR EUX-MÊMES) DE RENDRE LES LIVRES QU'ILS ONT AIMÉS ? OU QUI ONT PEUR QUE LES ENFANTS LES ABÎMENT ?

Nous les rassurons ! Si l'enfant a déjà emprunté un livre 3 ou 4 fois, et bien, soit il continue, jusqu'à ce qu'il aille au bout de son besoin personnel (ce qui n'est pas un problème), soit, c'est l'assurance que c'est vraiment celui-là qu'il faudra lui acheter quand l'occasion se présentera. La bibliothèque permet de tester, de choisir, de se tromper. On peut ensuite acheter en connaissance de cause, quand on a repéré un auteur, une série, une collection.
Les livres en bibliothèque sont couverts, bien protégés. C'est solide un livre. S'il arrive qu'ils s'abîment, c'est qu'ils sont anciens, ou qu'ils ont été énormément empruntés.
Ce qui est plutôt bon signe !

Les salons et associations

Les salons et fêtes du livre

Les salons et fêtes du livre constituent des opportunités uniques de rencontrer des auteurs, des illustrateurs ou des éditeurs, et d'avoir un point de vue élargi sur la production actuelle. Du grand Salon du livre et de la presse de jeunesse de Montreuil à la petite fête du livre de quartier, l'éventail est large. Parmi les manifestations en région, certaines ont leur spécialité (Saint-Priest et la petite édition par exemple) tandis que d'autres constituent des rendez-vous incontournables pour la profession (Aubagne, Saint-Paul-Trois-Châteaux, Troyes…). Quoi qu'il en soit, vous y trouverez toujours un large choix de livres car, c'est l'un des grands avantages de ces manifestations, l'espace y est beaucoup moins compté qu'en librairie traditionnelle. Beaucoup d'éditeurs accompagnent leurs livres, et des auteurs ou des illustrateurs sont toujours invités pour des animations ou des signatures, l'occasion d'échanges fructueux et de rencontres inoubliables.

AGENDA DES SALONS DU LIVRE POUR LA JEUNESSE :
• **www.sne.fr/evenements/salon-jeunesse.html**
• **www.momes.net/livres/salon-livre-jeunesse.html**

SITE DU SALON DU LIVRE ET DE LA PRESSE DE JEUNESSE DE MONTREUIL :
• **www.salon-livre-presse-jeunesse.net**

Les associations

Le livre et la lecture sont quotidiennement soutenus par des associations qui mènent un travail considérable pour leur accès à tous. En voici quelques-unes parmi les plus actives sur le terrain, pour mieux les connaître et – pourquoi pas ? – s'y engager.

a.c.c.e.s.
Association Culturelle Contre les Exclusions et les Ségrégations

A.C.C.E.S. a été créée en 1982 à l'initiative de trois psychiatres-psychanalystes, convaincus du caractère fondamental de la lecture dans le développement de l'enfant.
L'objectif d'A.C.C.E.S. est de mettre des livres (imagiers, albums, récits…) à la disposition des bébés et de leur entourage en s'appuyant sur des partenariats avec des professionnels du livre et de la petite enfance.
Le cœur de l'action consiste en la lecture, par des animateurs, après des enfants et de leur famille en allant à leur rencontre dans des lieux aussi divers que les centres de Protection Maternelle et Infantile, les urgences d'un hôpital ou la nursery d'une maison d'arrêt. Articulant action de terrain et recherche, A.C.C.E.S. produit des publications et organise des séminaires de formation.

• **www.acces-lirabebe.fr/**

afev
Association de la Fondation Étudiante pour la Ville

Première structure, par son nombre de bénévoles, à intervenir dans les quartiers en difficulté, l'Afev développe depuis 2007 un programme intitulé « Accompagnement Vers la Lecture ». Ce programme prévoit l'accompagnement individuel d'enfants de dernière année de maternelle par des étudiants bénévoles. Centré autour de l'enfant, cet accompagnement est construit comme un temps privilégié et se déroule le plus souvent à son domicile. Ces temps individuels permettent, au travers de lectures et d'actions ludiques, d'appréhender les objets culturels avec plaisir. Importance est donnée à l'accompagnement des enfants et de leurs parents dans la découverte et la familiarisation avec les structures de quartier : bibliothèques, ludothèques, etc.

• **www.afev.org**

ATD QUART MONDE, LES BIBLIOTHÈQUES DE RUE

Mises en place par ATD Quart Monde depuis 1968 en région parisienne sous l'impulsion de Joseph Wresinski, les bibliothèques de rue consistent à introduire, par des rendez-vous réguliers, le livre, l'art et d'autres outils (notamment informatiques) grâce à des lecteurs bénévoles qui se rendent sur les lieux de vie des enfants de milieux défavorisés et de leurs familles, souvent au pied des immeubles. Ces actions ont pour objectif de réconcilier les enfants avec la joie et l'envie d'apprendre et visent à les diriger vers les structures de loisirs locales.En France, il existe plus de quatre-vingts bibliothèques de rue animées par ATD Quart Monde.

POUR EN SAVOIR PLUS

Bibliothèques de rue.
Quand est-ce que vous ouvrez dehors ?
Marie Aubinais, Éditions Bayard/
Éditions Quart Monde – 2010
- **www.atd-quartmonde.fr**

LIRE ET FAIRE LIRE

Créée par Alexandre Jardin, romancier, et Pascal Guénée, ancien président du Relais civique, en 1999 et soutenue par un comité d'écrivains, l'association Lire et faire lire est développée dans chaque département par la Ligue de l'Enseignement et l'Union Nationale des Associations Familiales (UNAF). Des bénévoles de plus de 50 ans interviennent dans les écoles et autres structures éducatives, pour lire aux enfants, dans le but de stimuler leur goût de la lecture et favoriser leur approche de la littérature. Des séances de lecture sont ainsi organisées en petit groupe, une ou plusieurs fois par semaine, durant toute l'année scolaire, dans une démarche axée sur le plaisir de lire et la rencontre entre les générations.

- **www.lireetfairelire.org/LFL**

QUAND LES LIVRES RELIENT

L'agence Quand les livres relient fédère un réseau de professionnels et de bénévoles de secteurs d'activité divers – parmi lesquels « Lis avec moi » (Nord-Pas-De-Calais), « Livre Passerelle » (Tours) ou encore l'association ARPLE (Région Parisienne) – sensibilisés aux enjeux de l'éveil culturel et impliqués dans la prévention des inégalités culturelles par le biais d'actions lecture auprès de différents publics. Le cœur de l'action de ces structures est la lecture à haute voix de l'album, pour laquelle des aides au choix d'albums de qualité et des formations à la lecture sont organisées.

- **www.quandleslivresrelient.fr**

↝ Livres à consulter

Quelques références pour en savoir plus sur les livres pour enfants

↝ Les livres, c'est bon pour les bébés

L'ouvrage de référence sur la lecture des tout-petits. La co-fondatrice de l'association A.C.C.E.S y fait part d'expériences de lecture avec les tout-petits et met en évidence son enjeu culturel et social pour le développement de l'enfant.

Marie Bonnafé - Hachette Pluriel Référence - 2003 (1re édition 1994)
Collection Pluriel - EAN 9782012790766

↝ L'enfance de l'art

L'un des plus beaux ouvrages d'illustrateurs s'exprimant sur leur art. Avec la finesse et la sensibilité qui la caractérisent, Elzbieta, l'auteur de *Flon-Flon et Musette*, revient sur sa propre enfance pour mieux comprendre et expliquer sa création d'adulte à destination des enfants. Un livre dont la justesse et l'humanité vous accompagnent durablement dans votre parcours de lecteur.

Elzbieta - Éditions du Rouergue - 2005 (1re édition 1997)
EAN 9782841566594

↝ Aux petits enfants les grands livres

Alors qu'une première partie explique tout l'intérêt du livre et des histoires, ce sont ensuite dix univers d'auteurs (Anthony Browne, Philippe Corentin, Claude Ponti, Tomi Ungerer…) et dix albums phares (*Paul et son habit neuf, Le Gentil facteur, Yakouba…*) qui sont ensuite décryptés au sein d'une présentation dynamique.

Collectif - Association Française pour la Lecture - 2007 - EAN 9782905377586

↝ Histoire des livres pour les enfants

Dans une collection pratique, destinée aux parents, un petit guide clair, accessible et rigoureux, pour mieux connaître l'histoire du livre pour enfants, présentée chronologiquement, par une spécialiste du secteur, anciennement directrice du Centre National de la Littérature pour la Jeunesse - La Joie par les Livres.

Nic Diament - Bayard Jeunesse - 2008, Collection J'aime Lire,
Les Petits Guides, n° 5 - EAN 9782747027496

↝ Ces livres qui font grandir les enfants

Un ouvrage accessible et très complet, agréablement illustré, qui explore, au travers d'une centaine d'albums, cinq grandes étapes de la vie de l'enfant : ses jeux, ses peurs, ses grandes questions, ses relations avec les autres et ses sentiments, pour mieux montrer l'importance du livre dans le développement de l'enfant.

Joëlle Turin - Didier Jeunesse - 2008 - Collection Passeurs d'histoires
EAN 9782278058808

↝ L'imaginaire des illustrateurs pour la jeunesse

Paru en 2009, ce « magazine/book », proche du catalogue, dresse un panorama, certes subjectif, de la création contemporaine en présentant le travail de 34 illustrateurs actuels. D'un format agréable, les images sont particulièrement bien mises en valeurs, tandis que les paroles des illustrateurs interviewés offrent un regard inédit sur leur travail.

Collectif - Autrement - 2009 - Collection Hors Série Mook
EAN 9782746713734

↝ Revue Citrouille

Diffusée par le réseau de l'Association des Librairies spécialisées jeunesse, outre des sélections critiques de nouveautés cette revue propose à chaque numéro de nombreuses interviews et dossiers très complets.

En librairie et sur abonnement, paraît 3 fois par an
www.citrouille.net

POUR aLLeR PLUS LOIn

⤳ GUIDe DeS LIVReS D'enFanTS De 0 à 7 ans

200 albums sont recensés dans ce guide qui offre pour chacun d'eux un résumé, une analyse et des références sur le même thème. Une large introduction signée du spécialiste Jean Perrot, ainsi que de nombreux textes d'accompagnement permettent une approche complète.

Jean Perrot, Patricia Pochard - 2001 - Éditions In Press - EAN 9782912404527

⤳ Images DeS LIVReS POUR La Jeunesse

L'analyse par 12 critiques de 12 albums pour tous les âges, de tous les styles. Pour chaque exemple étudié se succèdent : l'étude de l'ouvrage, puis d'une double-page et enfin de l'œuvre de l'auteur dans son ensemble. Pour se familiariser avec l'analyse de l'image dans les livres pour la jeunesse.

Sous la direction d'Annick Lorant-Jolly et Sophie Van der Linden
Éditions Thierry Magnier - 2006 - EAN 9782844204820

⤳ LIRe L'aLBUM

Pour les passionnés, une étude du fonctionnement de l'album : statut de l'image, styles et techniques, mise en pages, rapports texte-image et des analyses complètes d'albums au sein d'une mise en pages proposant de très nombreuses illustrations.

Sophie Van der Linden - L'Atelier du Poisson soluble - 2006
EAN 9782913741386

⤳ InTRODUCTIOn à La LITTÉRaTURe De Jeunesse

Isabelle Nières-Chevrel, universitaire spécialiste de la littérature pour la jeunesse, présente une étude rigoureuse abordant successivement l'histoire, la tradition orale, la question de l'album, la représentation des animaux et des héros-enfants dans la littérature pour la jeunesse.

Isabelle Nières-Chevrel - Didier Jeunesse - 2009
Collection « Passeurs d'histoires » - EAN 9782278059201

⤳ La Revue DeS LIVReS POUR enFanTS

La revue de référence des bibliothécaires qui offre tous les deux mois une sélection rigoureuse de nouveautés en tous domaines du livre pour enfants, ainsi que des dossiers thématiques fort complets. Chaque année, au moment du Salon du livre et de la presse jeunesse de Montreuil paraît une sélection de l'ensemble des livres parus dans l'année en cours.

En librairie et sur abonnement, 6 numéros par an
http://lajoieparleslivres.bnf.fr

⤳ Revue HORS-CaDRe[S] OBSeRVaTOIRe De L'aLBUM eT DeS LITTÉRaTUReS GRaPHIQUeS

Scrute aussi bien les tendances récentes que les mouvements de fond de l'actualité éditoriale de l'album et de la BD. Analyses de livres ou de thématiques, panorama de la production internationale sont présentés dans une mise en page richement illustrée.

En librairie et sur abonnement, paraît 2 fois par an
www.revue-horscadres.com

∿ Les sites internet

Des portails, des sites ou des blogs à consulter pour mieux connaître la littérature pour la jeunesse ou pour suivre l'actualité éditoriale.

∿ Centre national de la littérature pour la jeunesse La joie par les livres

La plus complète et la plus sérieuse source d'informations sur le secteur, en dépit d'une navigation un peu rigide. Un catalogue de 250 000 références, des revues en lignes, dont *La Revue des Livres pour Enfants*, et de nombreuses informations actualisées.

- **http://lajoieparleslivres.bnf.fr**

∿ RICOCHET

Le portail de référence de la littérature pour la jeunesse. Une mine de ressources et une partie magazine qui offre d'intéressantes interviews et dossiers. Attention, dans la somme d'informations peuvent se glisser des erreurs ou des imprécisions.

- **www.ricochet-jeunes.org**

∿ CITROUILLE, LE BLOG DES LIBRAIRIES SORCIÈRES

Mis à jour quasi quotidiennement, ce blog reçoit la contribution des libraires du réseau de l'Association des Librairies Spécialisées Jeunesse. Critiques de nouveautés, mais aussi informations et reportages constituent le cœur de ce site qui renvoie par ailleurs sur tous les blogs des libraires du réseau.

- **www.citrouille.net**

∿ LIVRJEUN

La base de données de l'association Nantes Livres Jeunes propose près de 24 000 fiches critiques d'ouvrages pour la jeunesse. D'usage très pratique, elle constitue un outil fort intéressant pour rechercher un point de vue critique sur un livre pour enfants. Des sélections des comités de lecture sont également mises en ligne chaque mois.

- **www.livrjeun.tm.fr**

⤳ BIBLIOTHÈQUE numérique des enfants

Destiné aux enfants, cette bibliothèque numérique met en scène les collections de la Bibliothèque Nationale de France et les ouvrages récents d'éditeurs partenaires. Lectures, jeux et animations variées permettent aux enfants d'entrer dans le livre et la culture de manière ludique et (ré)créative.

- **http://enfants.bnf.fr**

⤳ Babar, Harry Potter & Cie - Livres d'enfants, d'hier et d'aujourd'hui

Le très riche site internet de la grande exposition s'étant tenue en 2008-2009 à la BNF. On peut y consulter des images des livres de l'exposition, y feuilleter – même en musique – des livres anciens, et y lire de très nombreux textes sur l'histoire du livre pour enfants.

- **http://expositions.bnf.fr/livres-enfants/index.htm**

⤳ eduscol

Le portail officiel de la littérature pour la jeunesse à l'école, où l'on trouve notamment la liste des livres sélectionnés par le ministère pour le cycle 2.

- **http://eduscol.education.fr/cid50485/litterature.html**

⤳ Livres animés

Un site fort élégant pour mieux connaître les livres animés, de leur histoire à leur actualité en passant par leur fonctionnement.

- **www.livresanimes.com**

ꙮ LES ÉDITEURS CITÉS

PRÉSENTATIONS CENTRÉES SUR LES PUBLICATIONS
POUR ENFANTS DE LA NAISSANCE À SEPT ANS.

ꙮ ACTES SUD JUNIOR

Un travail de qualité pour cette maison qui privilégie les créations sur les traductions. Comptines, poèmes, histoires illustrées et livres-CD constituent les genres les plus reconnus du département jeunesse des éditions Actes Sud.

- www.actes-sud-junior.fr

ꙮ ALICE ÉDITIONS

Éditeur belge proposant un large catalogue d'albums aux narrations favorisant le travail de l'imaginaire.

- www.alice-editions.be

ꙮ ALBIN MICHEL

Aux éditions Albin Michel, on trouve des séries très connues (*Mimi la souris, Didou*…), et d'autres plus confidentielles mais savoureuses (*Pomelo, Camille*…). Les albums sont de qualité, qu'il s'agisse de créations (Blexbolex, Hélène Riff, Fred Bernard et François Roca, Alex Godard…), ou de traductions (Stian Hole, Franck et Devin Asch…). On y trouve aussi les somptueux pop-up artistiques de Marion Bataille. Enfin, un intéressant travail de réédition permet de redécouvrir l'univers de Richard Scarry, William Steig ou encore Peter Newell.

- www.albin-michel.fr/categorie-Jeunesse-11

ꙮ L'ATELIER DU POISSON SOLUBLE

Un éditeur qui, lentement mais sûrement, a fait sa place dans le monde de l'illustration par sa rigueur, sa liberté de ton ou ses prises de risques… Des albums qui racontent des histoires, de beaux récits, mais beaucoup d'humour aussi. Claire Cantais, Yann Fastier, Albert Lemant, sont quelques-uns des créateurs suivis par cette maison.

- www.poissonsoluble.com

ꙮ AUTREMENT JEUNESSE

L'un des éditeurs actuels les plus dynamiques dans les domaines de l'album et de l'image. Beaucoup d'albums venus du Japon (Kazue Takahashi, Kazuo Iwamura…), mais aussi des créations de Beatrice Alemagna ou encore Éric Battut. La Collection « *Histoires sans parole* » a permis le renouveau de l'album sans texte (dont Arthur Geisert ou Thé Tjong-khing sont des maîtres) dans le paysage éditorial. À signaler, des rééditions de Uri Shulevitz, grand maître américain de l'album.

- www.autrement.com

ꙮ LE BARON PERCHÉ

Une maison en récente évolution, qui propose à la fois des albums et une collection pour favoriser la découverte de l'Art et d'autres sujets : « *Comment parler… aux enfants* ».

- www.editionslebaronperche.com

ꙮ BAYARD

Plutôt connu pour ses périodiques et son fameux *Petit Ours Brun*, il ne faudrait pas mésestimer le catalogue d'albums de Bayard, parmi lesquels les livres d'Hervé Tullet ou ceux du taïwanais Jimmy Liao. À noter aussi la série *Ariol* et, bien entendu, *Tom-Tom et Nana*.

- www.bayard-jeunesse.com/livres-edition/index.jsp

ꙮ BENJAMIN MÉDIA

Éditeur spécialisé dans le livre-CD dont la réalisation, aussi bien visuelle qu'audio est soignée.

- www.benjamins-media.org

ꙮ BENOÎT JACQUES

Un éditeur qui a fait de l'auto-édition une discipline d'exigence. Des livres rares, absolument maîtrisés de bout en bout par leur créateur. Ses albums sont souvent très drôles et très innovants graphiquement. Matériellement, on identifie immédiatement que l'on est en présence d'une fabrication d'excellence.

- www.benoitjacques.com

ꙮ BILBOQUET

Éric Battut, Jérôme Ruillier ou Michelle Daufresne sont les auteurs phares de cette maison d'édition centrée sur l'album et les contes.

- www.editions-bilboquet.com

↳ casterman

Au sein d'un large secteur jeunesse centré sur les livres animés (y compris pour les bébés avec la collection « *Minipops* ») et les héros, dont la plus célèbre d'entre tous, *Martine*, la collection *« Les Albums Duculot »* ouvre sur de riches univers d'auteurs-illustrateurs et offre des albums incontournables de Gabrielle Vincent, Anne Herbauts ou Antoine Guilloppé.

- **http://jeunesse.casterman.com**

↳ chan ok

Un catalogue spécialisée sur la Corée, privilégiant aussi bien des traductions de ce pays, que des albums de création réalisés en France mais issus de la culture de ce pays.

- **http://editions.flammarion.com**

↳ circonflexe

Des albums de fiction de qualité, créations de la sphère francophone, ou traductions d'albums étrangers, au premier rang desquels ceux de l'Américain David Wiesner. Cet éditeur mène en partenariat avec la Joie par les livres un important et talentueux travail de réédition au travers de la collection *« Aux couleurs du temps »* qui propose des albums incontournables dans l'histoire du livre pour enfants.

- **www.circonflexe.fr**

↳ delcourt jeunesse

Une référence en BD adultes qui propose des BD jeunesse de qualité. Outre les albums pour la jeunesse de Trondheim et Sfar on y trouve les séries *Jojo et Paco*, *Le Vent dans les saules*…

- **www.editions-delcourt.fr/catalogue/collections/jeunesse**

↳ didier jeunesse

Un éditeur très investi dans ses réalisations, et qui s'engage fortement sur la qualité de ses publications. Les collections de contes, de comptines ou de livres-CD sont parmi les meilleures du secteur. Les albums en traduction, notamment venus d'Asie, sont généralement aussi tendres qu'originaux. Malika Doray, Éric Battut, Pierre Delye ou Ilya Green sont les principaux auteurs de cette maison. À souligner, des impressions en France, certifiées par le label Imprim'vert.

- **www.didierjeunesse.com**

↳ les doigts qui rêvent

Un éditeur spécialisé dans les livres tactiles. Le catalogue compte aussi bien des classiques de l'album que de superbes livres d'artistes.

- **www.ldqr.org**

↳ l'école des loisirs

La grande référence du secteur jeunesse, première en matière d'albums. La qualité reconnue des éditions de l'École des Loisirs repose sur des livres qui combinent qualité graphique et force d'un récit adapté aux enfants. Le catalogue favorise les œuvres d'auteurs-illustrateurs français (Claude Ponti, Philippe Corentin, Grégoire Solotareff, Anaïs Vaugelade, Yvan Pommaux...) comme les grandes références internationales (Maurice Sendak, Tomi Ungerer, Leo Lionni…). La collection *« Lutin poche »* propose un très large choix d'éditions au format poche de ces albums tandis que la collection « Mouche » offre aux lecteurs débutants de savoureux récits intelligemment illustrés.

- **www.ecoledesloisirs.com/index1.htm**

↳ éditions du rouergue

Pour leurs jeunes lecteurs, les éditions du Rouergue proposent un large catalogue d'albums innovants, aux partis pris graphiques très affirmés. Les livres d'Olivier Douzou, ancien éditeur, combinent audace graphique et sens ludique, de même que les titres de Christian Voltz ou José Parrondo. La collection Yapasphoto, propose des imagiers photographiques pour les tout-petits.

- **www.lerouergue.com**

↳ l'édune

Des albums privilégiant les contenus centrés sur le respect de l'humain comme de l'environnement. Également une collection en forme de projet artistique, l'*« ABéCédaire »*.

- **www.editionsledune.fr/**

↳ frimousse

Éditeur centré sur les albums pour les plus jeunes lecteurs. Un catalogue varié, tant du point de vue des illustrations que des histoires.

- **www.frimousse.fr**

↷ LES ÉDITEURS CITÉS

↷ GALLIMARD JEUNESSE

Éditeur historique et central du secteur jeunesse (Antoine de Saint-Exupéry, Beatrix Potter…) qui offre un catalogue rigoureux et diversifié. Pour les plus jeunes, de nombreuses séries ont été créées par Giboulées. Les albums ont leurs auteurs phares : Quentin Blake, Tony Ross, Susan Varley, Emma Chichester Clarke, Étienne Delessert, Pef… et sont également diffusés au format poche grâce aux collections « Folio Benjamin » et « L'Heure des histoires » (qui lui fait suite). Gallimard jeunesse est aussi largement connu pour la grande qualité de ses documentaires, aussi bien dans les contenus, l'approche pédagogique, que la mise en pages. À noter de très bons livres-CD et la publication, généralement en fin d'année, de somptueux livres animés.

- **www.gallimard-jeunesse.fr**

↷ GAUTIER-LANGUEREAU

Maison d'édition spécialisée dans les albums, les ouvrages de premières lectures. La collection « Les petits Gautier » permet de retrouver en petit format souple les grands albums.

- **www.gautier-languereau.fr**

↷ LES GRANDES PERSONNES

Une maison récente portée par une éditrice qui a largement contribué au renouveau du livre d'images depuis les années 1990. Les albums sont de grande qualité, à tonalité artistique quand il ne s'agit pas tout simplement de livres d'artistes. Le soin porté à la fabrication, et l'inventivité de ces créations fait de quasiment chacun de ces titres un livre vraiment unique pour les enfants.

- **www.editionsdesgrandespersonnes.com**

↷ GRANDIR

Éditeur apparu dans les années 1970 qui poursuit avec continuité un travail original. De nombreux créateurs ont été découverts par cette maison (Anne Brouillard, Anne Herbauts, Mandana Sadat…) qui offre un large choix de créations internationales (Alessandro Sana, Taro Gomi…). La diffusion est assurée par la maison d'édition elle-même.

- **www.editionsgrandir.fr**

↷ GRASSET

Un catalogue chargé de nombreux titres intéressants. Maison d'édition de Pierre Gripari, Peter Sís et Raymond Briggs. La collection « Monsieur chat… il était une fois » invite de grands créateurs et illustrateurs à une nouvelle interprétation de contes classiques.

- **www.grasset-jeunesse.com/index.htm**

↷ GRÜND

Spécialisé dans la coédition de livres-jeux ou d'activités, éditeur de la célébrissime série Où est Charlie ?, mais aussi d'albums et de livres animés.

- **www.grund.fr**

↷ HACHETTE JEUNESSE

Historiquement l'un des premiers éditeurs pour la jeunesse. Également le plus important des éditeurs du secteur par le nombre de titres vendus. Il propose à son catalogue les célèbres Bibliothèques Rose et Verte, les séries Caroline, Oui-Oui ou les Monsieur et Madame. À noter, les séries Gaspard et Lisa et Zékéyé.

- **www.jeunesse.hachette-livre.fr**

↷ HATIER JEUNESSE

Principalement un éditeur scolaire et parascolaire qui propose quelques séries (dont Balthazar) et des albums ludiques.

- **www.hatier-jeunesse.com**

↷ HÉLIUM

Une jeune maison d'édition pétillante et colorée. La fabrication et le graphisme sont particulièrement soignés et de nombreux livres-objets ou jeux sont proposés aux côtés d'un choix d'albums de grande qualité (Joëlle Jolivet, Delphine Chedru, Didier Cornille…).

- **www.helium-editions.fr**

↷ IL ÉTAIT 2 FOIS

Un éditeur qui se spécialise dans la réédition d'ouvrages épuisés et regrettés. Une initiative à saluer, et donc, de très beaux albums, valeurs sûres, au catalogue.

- **www.iletaitdeuxfois.fr**

↷ JBZ ET CIE

Une maison d'édition récente dirigée par un éditeur qui a fondé le département jeunesse du Seuil. Albums, pop-up et livres d'activité sont au centre d'un catalogue jeunesse resserré.

- **www.hugoetcie.fr/JBZ**

↳ La joie de lire

Un éditeur qui, situé en Suisse, se trouve au carrefour de l'Europe et se pose en découvreur des talents allemands, suisses, italiens et français. La création, dans toute sa singularité est mise à l'honneur et les univers fort originaux d'Albertine, de Chiara Career ou d'Hannes Binder sont particulièrement suivis. La série de livres-promenades de Rotraut Susanne Berner est le fleuron de ce catalogue qui regorge de pépites.

• **www.lajoiedelire.ch/catalog/nouveautes**

↳ Kaléidoscope

Un très riche catalogue d'albums, majoritairement tourné vers les grandes références venues de l'étranger (Anthony Browne, Tana Hoban, Mo Willems, Emily Gravett, Uri Shulevitz…) mais aussi vers la création française (Geoffroy de Pennart, Marianne Barcilon…). Une qualité incontournable.

• **www.editions-kaleidoscope.com/accueil.html**

↳ mango jeunesse

Particulièrement reconnu pour sa collection « *Les albums Dada* » qui, s'attachant à une personnalité (ou un genre) artistique, mettent l'enfant en contact avec un univers graphique original et recherché, Mango propose aussi des albums de fiction (notamment les Tadao Miyamoto), ainsi que des séries grand public. Une large section de livres pratiques également.

• **www.editions-mango.com**

↳ memo

Un éditeur nantais qui s'est rapidement imposé comme une figure incontournable de l'édition d'albums. Propose des ouvrages relevant d'une grande et agréable qualité de fabrication qui, aux côtés d'un travail de réédition de premier ordre, particulièrement dans le domaine du livre d'artiste, a su « populariser » une exigence formelle et lancer des créateurs dont le travail graphique se combine habilement à un remarquable esprit d'enfance (Janik Coat, Anne Crausaz…).

• **www.editions-memo.fr**

↳ mijade

Éditeur belge, spécialisé dans l'album pour enfants, pour moitié créations (Claude K. Dubois, Josse Goffin…) et moitié traductions. Notons un travail de réédition d'ouvrages épuisés, et la réimpression en format poche des albums.

• **www.mijade.be/jeunesse**

↳ mila éditions

Un catalogue sympathique, aussi doux que dynamique, pour des livres variés, dont de très bons livres de comptines et de multiples livres d'activités.

• **www.mila-editions.fr**

↳ milan

Grande maison d'édition qui produit un catalogue très diversifié, entre produits de grande diffusion et albums plus confidentiels. Une structuration autour de collections permet de se repérer, notamment pour les romans et documentaires. Beaucoup de titres intéressants dans les albums, notamment les livres de Wolf Erlbruch ou de Martine Perrin. Voir aussi les livres d'initiation à l'art de Sophie Curtil.

• **www.editionsmilan.com/49f9c640/Jeunesse.html**

↳ minedition

Une maison qui émane de Nord-Sud, et qui offre de la même manière un équilibre entre productions grand public très tendres, et albums artistiques exigeants. Les somptueux ouvrages de Květá Pacovská y sont progressivement réédités, tandis que Sebastian Meschenmoser s'affirme comme un créateur incontournable.

• **www.minedition.fr**

↳ naïve livres

Au départ maison de disque, Naïve Livres propose bien évidemment des livres-CD, mais aussi de beaux albums, notamment ceux de Delphine Chedru, Iris de Mouÿ, ou Joëlle Jolivet.

• **www.naive.fr/**

↳ nathan

Grande maison, surtout connue pour les publications scolaires ou éducatives, qui propose également de beaux albums et des livres animés (Jan Pienkowski, Alan Snow…). À noter, d'intéressantes collections de philosophie pour les plus jeunes, ainsi qu'une large collection de premières lectures (voir particulièrement la série « *Mademoiselle Zazie* »).

• **www.nathan.fr/jeunesse**

ꙥ LES ÉDITEURS CITÉS

ꙥ NOBI NOBI

Résolument tournées vers l'Asie, et le Japon en particulier, les jeunes éditions Nobi Nobi proposent soit des traductions, soit des créations dans l'esprit du graphisme manga, mais sous la forme d'album ou de livres illustrés.

- www.nobi-nobi.fr

ꙥ NORD-SUD

Filiale de la maison suisse allemande Nord-Sud Verlag, les éditions Nord-Sud ont rendu célèbre le poisson Arc-en-ciel de Marcus Pfister. Elles se distinguent par leur catalogue de contes classiques, modernisés par des illustrateurs tels que Lisbeth Zwerger ou Aljoscha Blau. À noter la collection *« Le Moulin à Parole »* qui permet de télécharger sur le site internet une bande sonore d'albums.

- www.editionsnordsud.com

ꙥ NOTARI

Nouvel éditeur Suisse proposant des livres objets et artistiques, ainsi que des albums aussi soignés qu'adaptés au public enfantin dont ceux de Bernardo Carvalho (Portugal) et de Emma Adbåge (Suède).

- www.editionsnotari.ch

ꙥ OÙ SONT LES ENFANTS ?

Éditeur dont les albums ont l'originalité de proposer des récits en images basés sur des photographies mettant en scène des enfants.

- ousontlesenfants.hautetfort.com

ꙥ PALETTE

Éditeur spécialisé dans le livre d'art pour enfants. Plusieurs collections qui rivalisent d'invention pour une approche ou une initiation à l'art dès le plus jeune âge. La collection *« L'art pas à pas »* s'adresse particulièrement aux tout-petits. À noter, la collection *« La Petite galerie »* qui propose d'intéressantes re-créations de l'univers d'un créateur au travers du livre.

- www.editionspalette.com

ꙥ PASSAGE PIÉTONS

Maison d'édition qui propose des albums innovants, particulièrement travaillés du point de vue de l'iconographie (photographie contemporaine), de la typographie et de la conception graphique.

- www.passagepietons.fr

ꙥ PASTEL

Antenne de L'École des Loisirs en Belgique, publie donc d'abord des créateurs du nord de l'Europe. Des albums très narratifs, souvent aux teintes douces et harmonieuses. Pour autant aucune naïveté et on est même franchement réveillés par les textes forts d'un Rascal, l'humour d'une Catharina Valckx ou d'un Michel Van Zeveren. Kitty Crowther, Mario Ramos, Jeanne Ashbé, ou Elzbieta, sont quelques-uns des grands auteurs de ce catalogue incontournable.

- www.ecoledesloisirs.fr/index1.htm

ꙥ PÈRE CASTOR – FLAMMARION

On ne présente plus les albums du Père Castor, classiques d'entre les classiques, à faire découvrir aux enfants d'aujourd'hui. Ces albums qui ont renouvelé le genre dans les années 1930 et 1940 faisaient preuve d'une grande modernité qui les rend toujours d'actualité. C'est aussi le patrimoine culturel commun aux générations qui continue d'être transmis par *Michka*, *Les Bons amis* ou encore *Marlaguette*, parmi tant d'autres…

- www.editions.flammarion.com

ꙥ PHAIDON

Le grand éditeur international de livres d'art s'intéresse à la jeunesse depuis la publication du *« Musée de l'art pour les enfants »* et commence à publier des livres d'artistes pour enfants ou des albums de créateurs connus en France dont Hervé Tullet et Beatrice Alemagna.

- http://fr.phaidon.com

ꙥ PICQUIER JEUNESSE

L'éditeur spécialisé dans le domaine asiatique propose un catalogue pour enfants de premier ordre. Les univers du Japon, de la Chine ou encore de la Corée sont intelligemment explorés par des albums de fiction. Mais les albums de cette maison valent aussi pour eux-mêmes tant ils sont le plus souvent de qualité.

- www.editions-picquier.fr

ꙥ POCKET JEUNESSE

Un catalogue principalement tourné vers les romans et en premier lieu les séries. On y trouve des premières lectures intéressantes pour les lecteurs en apprentissage.

- www.pocketjeunesse.fr

P'TIT GLénAT

Le célèbre éditeur de BD s'est récemment ouvert à la littérature pour la jeunesse. On y trouve des albums ludiques, drôles, ouverts sur le monde, colorés et « *vitaminés* », du nom de l'une des collections. À noter, la réédition des albums pour enfants de Tove Jansson, illustre créatrice suédoise des *Moumines*.

- **www.ptitglenat.com**

QUIQUANDQUOI

Éditeur suisse proposant des créations originales, qu'il s'agisse de BD, albums, livres-CD ou livres d'artistes.

ROBERT DELPIRE

L'un des plus prestigieux éditeurs de livres de photographies, qui réédite quelques-uns de ses albums pour enfants parus dans les années 1950-1970 et offre une collection critique sur les illustrateurs.

- **www.delpire.fr**

RUE DU MONDE

Un éditeur engagé, qui entend « *titiller l'intelligence des enfants, leur esprit critique et leur sensibilité artistique* ». Le catalogue offre donc aux enfants de multiples occasions de réfléchir et de s'informer. La poésie est également à l'honneur, que ce soit au travers de la collection « *Petits Géants* » ou de remarquables anthologies.

- **www.rue-des-livres.com/editeurs/654**

SARBACANE

Un éditeur particulièrement dynamique qui, en moins de 10 ans, a forgé un catalogue incontournable dans le secteur du livre pour enfants. On y trouve des albums forts, qu'ils soient très drôles, très singuliers ou très émouvants. Chacun est en tout cas un moment unique de création. Davide Cali, Serge Bloch, Carl Norac, Didier Levy, sont quelques-uns des auteurs phares de cette maison.

- **www.editions-sarbacane.com**

SEUIL JEUNESSE

Un très beau catalogue d'albums dont ceux de Gilles Bachelet, Rotraut Susanne Berner, Anne Brouillard, Thierry Dedieu, Ian Falconer, Michel Galvin… On y trouve également de très beaux livres illustrés de Fred Bernard et François Roca, Rebecca Dautremer… Propose également des livres de créateurs et d'artistes (Bruno Munari, Květa Pacovská, Paul Cox, Béatrice Poncelet, Hervé Tullet).

- **www.seuil.com**

SORBIER

Maison d'édition qui développe une ligne éditoriale résolument ouverte aux cultures du monde et à la citoyenneté. Les *Contes russes* forment le cœur de ce catalogue. La collection « *Les Ethniques* » permet la découverte de villes ou de pays par des albums qui en sont originaires.

- **www.lamartinieregroupe.com**

SYROS

Éditeur centré sur la découverte interculturelle, récemment dynamisé par une nouvelle équipe. « *Paroles de conteurs* » en est la collection phare, aujourd'hui déclinée en albums ou premiers romans pour les jeunes lecteurs. Le conte, de toutes origines, reste d'ailleurs au centre des collections. La collection Mini Syros est très soignée, déclinée en de nombreux genres, y compris le polar.

- **www.syros.fr**

THIERRY MAGNIER

Place à la création pour cette maison d'édition fort dynamique qui offre aux jeunes lecteurs un large choix d'albums, dont ceux de Katy Couprie, Emmanuelle Houdart, Régis Lejonc, Antonin Louchard, Mathis, Delphine Perret, Sara… La collection de petits albums carrés cartonnés, « *Tête de Lard* », regorge de savoureuses pépites pour tous les âges. La collection « *Petite Poche* » offre de courts romans, sans images, présentés de manière à faciliter la lecture.

- **www.editions-thierry-magnier.com**

LES TROIS OURSES

Association qui œuvre avec rigueur et exigence à la publication de livres d'artistes (au premier rang desquels Bruno Munari ou Katsumi Komagata) qu'il s'agisse de rééditions ou de créations.

- **http://troisourses.online.fr**

TOURBILLON

Outre d'intéressantes séries pour les tout-petits (*Miffy*) ou les lecteurs débutants (*Émile et Lili*), les éditions Tourbillon comptent de nombreux albums premier âge, documentaires ou d'humour. La photographie est mise à l'honneur, notamment dans la collection « *Les photos des petits* ».

- **www.editions-tourbillon.fr**

123

PETITE H
DU LIVRE POUR enfants e

1856

Hachette lance la « *Bibliothèque rose illustrée* », dont l'auteur emblématique deviendra la comtesse de Ségur, et en 1860, les albums « *Trim* », l'une des premières collections d'albums* qui comptera **Pierre L'ébouriffé**, d'**Heinrich Hoffmann**.

1861

L'éditeur Pierre-Jules Hetzel publie les **Contes de Charles Perrault** avec des illustrations de **Gustave Doré**. Un an plus tard, **La Journée de Mademoiselle Lili. Le journal d'un papa**, inaugure la collection des « *albums Stahl* ». Les illustrations de Lorenz Frølich représentant la petite fille sont particulièrement adaptées au public enfantin. La même année, Hetzel publie le premier roman de **Jules Verne**, **Cinq Semaines en ballon**.

1884

Chansons de France, de **Boutet de Monvel**, chez Plon, apporte une qualité artistique aux albums pour enfants en soignant l'aspect esthétique, riche de nombreuses influences.

1911

Publié par Tolmer, **André Hellé** signe **Drôles de bêtes**. Tous les aspects, y compris la calligraphie sont réalisés par ses soins, faisant de l'album une création à part entière.

1919

Œuvre d'un artiste, **Edy Legrand**, **Macao et Cosmage**, publié par la N.R.F. (éditions Gallimard), est le reflet des tendances picturales de l'époque. Pour la première fois, c'est l'image qui prime sur le texte.

1923

La série **Gédéon** de **Benjamin Rabier** est lancée aux éditions Garnier. À mi-chemin entre album et bande dessinée, de nouvelles manières de raconter par le texte et l'image sont inventées grâce aux innovations de mise en pages.

1930

Mon chat, œuvre conjointe de **Nathalie Parain** et d'**André Beucler** (N.R.F.), renouvelle le genre par d'audacieux partis-pris dans la représentation.

1931

L'Histoire de Babar le petit éléphant, par **Jean de Brunhoff**, aux Éditions Jardin des modes. Une grande originalité pour une série qui deviendra un classique. Dans les livres de Jean de Brunhoff, tout fait sens : texte, image et support.

1931

Je fais mes masques de **Nathalie Parain** paraît l'année de la création des Albums du Père Castor. Une nouvelle conception du livre pour enfants voit le jour : pratique et bon marché, il appelle une lecture dynamique et se trouve servi par de grands artistes qui mettent leur talent au service de l'histoire.

1946

Les éditions Gallimard publient à la N.R.F. **Le Petit Prince** d'**Antoine de Saint-Exupéry**, paru 3 ans plus tôt aux États-Unis.

1956

Les Larmes de crocodile, d'**André François**, est publié par Robert Delpire. Cet éditeur fait des livres pour enfants comme des livres d'art, donne sens à toutes les composantes du livre et bouleverse durablement le rapport à l'album.

STOIRE
uelQues TITRes

1967
Robert Delpire, toujours lui, importe en France un chef-d'œuvre publié outre-atlantique : **Max et les Maximonstres**, de **Maurice Sendak**, qui sonne une nouvelle ère pour l'album.

1968
Les Trois Brigands, de **Tomi Ungerer**, publié à l'École des Loisirs apporte un vent nouveau : les innovations graphiques des studios américains investissent le livre pour enfants.

1969
Ionesco, le grand dramaturge français, signe **Conte n° 1** aux éditions Harlin Quist, dans sa plus remarquable veine absurde. La littérature rencontre alors l'avant-garde de l'illustration et marque durablement l'évolution des livres pour enfants.

1970
Petit-Bleu et Petit-Jaune, de **Leo Lionni**, le premier livre qui utilise l'abstraction pour une histoire qui valorise l'acceptation de la différence en s'appuyant sur le symbole du mélange des couleurs.

1980
Avec **La Belle Lisse Poire du Prince de Motordu**, publiée par le département jeunesse des éditions Gallimard, **PEF** ouvre une nouvelle voie pour l'humour et la caricature.

1986
Claude Ponti publie chez Gallimard Jeunesse **L'Album d'Adèle**, son premier livre, un cadeau de naissance pour sa fille, qui marquera le début du développement d'une édition de livres pour les tout-petits.

1989
Frères et sœurs, **Grégoire Solotareff** et **Nadja** publient respectivement **Chien Bleu** et **Loulou**, à L'École des Loisirs, offrant une superbe entrée à l'expression picturale dans l'album, que leurs couleurs denses, très travaillées, vont durablement influencer.

1993
Jojo la mache, d'**Olivier Douzou**, aux éditions du Rouergue : un ovni atterrit dans le secteur avec un format carré inhabituel. Le graphisme se saisit de l'album et l'histoire se raconte plus par l'image que par le texte.

1999
Tout un monde, de **Katy Couprie** et **Antonin Louchard**, aux éditions Thierry Magnier, offre un objet purement visuel, un livre qui résulte d'une démarche artistique totale.

2001
Jésus Betz, de **Fred Bernard** et **François Roca**, aux éditions du Seuil Jeunesse, ouvre avec évidence l'album aux adolescents.

2004
En lançant la collection des **Histoire sans paroles**, les éditions Autrement offrent un renouveau éditorial à un genre oublié : l'album sans texte.

2010
Un Livre, d'**Hervé Tullet**, chez Bayard, est le témoin des évolutions du livre et réinvente son rapport au lecteur.

INDEX DES
TITRES

pr = premier rabat
dr = dernier rabat

INDEX DES
TITRES

INDEX DES
~ TITRES

SÉRIES

index des
AUTEURS ET ILLUSTRATEURS

pr = premier rabat
dr = dernier rabat

INDEX DES
~ auteurs et illustrateurs

index des
auteurs et illustrateurs

Les éditions Gallimard Jeunesse et les éditions
De Facto remercient les éditeurs qui ont autorisé
la reproduction de leurs couvertures dans
le présent ouvrage, ainsi que les éditeurs qui ont
autorisé la reproduction d'images de livres
appartenant à leur catalogue ou qui ont accepté
de transmettre les visuels de couvertures :

Actes Sud Junior
Albin Michel Jeunesse
Autrement Jeunesse
Benoît Jacques Books
Casterman
Circonflexe
Didier Jeunesse
Éditions du Rouergue
Enfance et musique
Flammarion – Père Castor
Grandir
Gautier-Languereau
Hachette Jeunesse
Hélium
Il était deux fois
JBZ & Cie
Kaléidoscope
L'Atelier du poisson soluble
L'École des loisirs
La Joie de lire
Les éditions Des Grandes personnes
Les Trois Ourses
Mango Jeunesse
MeMo
Mila éditions
Milan Jeunesse
Minedition
Naïve
Nathan Jeunesse
P'tit Glénat
Palette
Pastel
Phaidon
Picquier Jeunesse
Quiquandquoi
Rue du monde
Sarbacane
Seuil Jeunesse
Sorbier
Syros
Thierry Magnier

Qu'ils soient chaleureusement remerciés
de cette aimable contribution.

Crédits photographiques

Toutes photographies :
© Franck Stromme, 2011

Sauf :
page 19 © Corraini
page 97 © Katsumi Komagata
page 104 © Moumia P.
page 106 © Viviane Ezratty
page 110 © Laurence Tutello